I0168600

L'essence de la bonne nouvelle est résumée par les cinq *sola* concernant Dieu, la grâce, la foi, le Christ et l'Écriture. Enlevez la *sola* et le sens change... et c'est le cas pour chaque mot particulier et pour l'ensemble. Dieu ne serait plus le seul vrai Dieu, auteur du salut par la grâce et par le moyen de la foi en Jésus-Christ! La porte est ouverte à toutes sortes de *et*. Beaucoup de chemins vers beaucoup de dieux, beaucoup de révélations dans toutes les religions, beaucoup d'œuvres à faire et, bien sûr, des sauveurs qui ne sont que des sauveteurs humains.

Les *sola* sont donc essentielles. Il ne s'agit pas d'un point de détail. Les Réformateurs ont compris cela et ils ont lutté pour ce petit mot. Les grands débats au moment de la Réforme, dans les vie des Puritains et dans celle des artisans des Réveils qui sont venus après, ont tous tourné autour de ces questions. Car l'Évangile, dans son intégrité, en dépend. C'est ce que l'apôtre Paul a compris dans sa lutte contre l'hérésie des Galates, qui se détournaient vers un autre évangile qui n'en est pas un, mais qui est anathème!

Pascal Denault, dans ce petit livre, a le grand mérite de nous conduire à l'essentiel et de rappeler aux chrétiens d'aujourd'hui qu'il s'agit d'une question de fond, de vie et de mort, car notre salut en dépend.

Paul Wells, Professeur émérite de la Faculté Jean Calvin,
Aix-en-Provence, France

Les expressions qui pourraient caractériser le livre du pasteur Denault sont : clair, équilibré, fondamental, et pertinent. Il traite de questions essentielles et proprement vitales pour l'Église. Les vérités présentées, explicitées et défendues sont en effet au centre de la vie croyante, individuelle et communautaire : l'Écriture sainte, son statut, son interprétation ; le salut (et en son cœur la justification par la foi seule), sa nature, son fondements, ses conditions, l'œuvre du Seigneur Jésus et sa centralité, Dieu et sa grâce, Dieu et sa gloire ; en traitant de chacun de ces sujets, l'auteur tire les conséquences pour la vie croyante.

Sachons gré au pasteur Pascal Denault pour un tel exposé. Peu seront les lecteurs qui n'en seront pas instruits et édifiés. Le souci pédagogique de l'auteur doit être souligné : il ne fait pas œuvre polémique, mais vise à aider ses lecteurs à revenir aux richesses bibliques (re)découvertes par la Réforme, exprimées dans un langage contemporain. Se recentrer à nouveau sur la *Sola Scriptura*, en vue de la comprendre et d'en proclamer les vérités qui sauvent et donnent un sens à la vie, retrouver le sens de la justification du pécheur au moyen de la foi seule, que Dieu opère par grâce, en vertu de sa grâce, sur le fondement de l'œuvre du Christ, pour que le croyant mène une vie pour la seule gloire du Dieu créateur et rédempteur : quelle fête pour l'esprit, quelle joie pour le cœur!

Tout en présentant et clarifiant ces vérités centrales, le pasteur Denault intervient sur nombre d'autres thèmes bibliques et questions ecclésiales, qu'il éclaire judicieusement, toujours en recourant aux données bibliques, avec un regard attentif sur la situation contemporaine.

C'est avec joie que nous recommandons la lecture de ce livre à tout(e) croyant(e), en particulier à ceux qui ont un ministère d'enseignement dans leurs communautés.

Amar Djaballah, Doyen et professeur, Faculté de théologie évangélique, Montréal (Université Acadia)

La Réforme protestante fut un passage nécessaire pour retrouver le cœur de l'Évangile tel qu'il fut prêché à l'époque des apôtres et dans l'Église de l'Antiquité qui lui succéda. Pendant le Moyen Âge, l'Église s'est égarée en cherchant le salut par des avenues autres que celle clairement révélée par Dieu dans la Bible et en suivant d'autres autorités que les Écritures. C'est ainsi que la vérité céda au profit de simples traditions humaines.

Dans ce bel ouvrage, Pascal Denault délimite habilement cette grande redécouverte de l'Évangile par le biais des cinq solas de la Réforme, lesquels résument l'Évangile retrouvé par les réformateurs d'Europe. Cependant, le pasteur Denault ne présente pas qu'une simple recherche historique, puisqu'il affirme à juste titre que l'Évangile prêché par les apôtres et les pères de l'Église et plus tard par les réformateurs est le même message qui doit être prêché aujourd'hui afin que des hommes et des femmes perdus et sans espoir puissent trouver la vie éternelle et l'espérance.

Michael Haykin, Professeur d'histoire de l'Église, Southern Baptist Theological Seminary, Louisville, Kentucky

SOLAS

La quintessence de la foi chrétienne

Pascal Denault

éditions cruciforme

© Publications Chrétiennes, Inc.
230, rue Lupien, Trois-Rivières (Québec)
G8T 6W4 – Canada
Site Web : www.publicationschretiennes.com

Publiée en octobre 2015
Couverture et mise en page : Daniel Henderson

ISBN : 978-2-924110-88-1
Dépôt légal – 4ᵉ trimestre 2015
Bibliothèque et Archives nationales du Québec
Bibliothèque et Archives Canada

À mes frères et sœurs bien-aimés de
l'Église évangélique de Saint-Jérôme.
www.prechelaparole.com

Table des matières

Introduction   11

Chapitre 1 : *Sola Scriptura*   15

Chapitre 2 : *Sola Scriptura et non solo Scriptura*   27

Chapitre 3 : *Sola fide, la justification*   43

Chapitre 4 : *Sola fide, la foi*   55

Chapitre 5 : *Sola gratia*   67

Chapitre 6 : *Sola gratia, la nécessité de la grâce*   75

Chapitre 7 : *Sola gratia, la cause de la grâce*   89

Chapitre 8 : *Sola gratia, la portée de la grâce*   107

Chapitre 9 : *Sola gratia, l'efficacité de la grâce*   121

Chapitre 10 : *Sola gratia, la durée de la grâce*   133

Chapitre 11 : *Solus Christus*   147

Chapitre 12 : *Soli Deo gloria, la gloire de Dieu*   163

Chapitre 13 : *Soli Deo Gloria, l'adoration en Église*   175

Chapitre 14 : *Soli Deo gloria, la vie des adorateurs*   189

Conclusion   203

Remerciements et avant-propos

Cet ouvrage n'aurait pas été possible sans la précieuse collaboration de plusieurs personnes très dévouées qui ont lu mon manuscrit et m'ont offert de judicieuses suggestions. Merci au docteur en théologie André Pinard qui fut le premier à examiner ce texte et à l'enrichir par son acuité théologique. Merci à M. Jean Destin qui a grandement contribué à rendre le texte de cet ouvrage plus accessible et plus compréhensible pour les lecteurs. Merci à Mme Micheline Vallée pour sa collaboration à l'exercice de révision des textes. Merci à M. et à Mme Roger et Louise De Lasablonnière qui ont rendu ce projet financièrement réalisable. Merci au docteur Michael Haykin pour ses importantes suggestions en vue de mieux articuler les doctrines de la grâce. Merci à M. Daniel Henderson des Éditions Cruciforme avec qui ce fut un charme de travailler et merci aux membres de son équipe qui ont contribué à améliorer la qualité de ce livre.

Si je remonte un peu plus loin en arrière, je dois aussi remercier les personnes qui m'ont permis de comprendre la théologie réformée et de voir son fondement biblique. Ces personnes ont été les instruments les plus significatifs de l'affermissement de ma pensée : le docteur Amar

Djaballah et le professeur Michel Lafleur. Je dois mentionner d'une manière spéciale et unique le pasteur et docteur Raymond Perron, qui a été plus qu'un enseignant, mais un véritable père dans la foi. Avec lui j'ai compris que les doctrines de la grâce ne sont pas simplement des concepts théologiques, mais l'histoire d'amour entre Dieu et son peuple élu, l'Évangile même! Au travers de son exemple, j'ai vu ce que sont une vie et une foi fondées sur les piliers de la grâce de Dieu.

Je loue le Seigneur pour l'Église évangélique de St-Jérôme qui s'est réformée à la prédication des doctrines de la grâce. Ce projet a débuté par une série de messages que j'ai prêchés à cette Église avant de devenir ce livre. Dès le départ ce fut ma conviction, et aujourd'hui encore c'est ma conviction, que l'Église du Seigneur Jésus doit être fondée sur l'Évangile de la Parole de Dieu. Ce que cette conviction signifie sera présenté dans ce livre à partir de ce que l'on pourrait appeler la QUINTEssence de la foi chrétienne ; l'essence de la foi en cinq piliers qui soutiennent tout l'édifice : l'Écriture seule, la foi seule, la grâce seule, Christ seul et la gloire de Dieu seul.

Introduction

Qu'est-ce que la foi chrétienne? Avec toutes les traditions qui se réclament du nom de « chrétien », il peut paraître audacieux de tenter de définir la foi chrétienne au singulier. Ne devrait-on pas plutôt parler des fois chrétiennes? S'il est vrai que la foi dite chrétienne ne se limite pas à une seule tradition, il est faux de croire que toutes les traditions représentent la foi chrétienne authentique. Que faut-il pour avoir la vraie foi qui vient de Christ? Faut-il être dans la continuité historique d'une institution qui remonte jusqu'aux apôtres? Faut-il appartenir à un courant qui aurait restitué la vraie foi? Peut-être doit-on recevoir une révélation directe de la part du Seigneur ou encore appartenir à un groupe qui seul possède la vérité?

Je réponds d'emblée à la question : seule la Bible, la Parole écrite de Christ, peut nous conduire dans la foi chrétienne authentique. Bien entendu, cette Parole est interprétée par différentes personnes qui ne partagent pas toutes la même compréhension. Dans ce petit ouvrage, nous tenterons d'exposer la quintessence de la foi chrétienne à partir des Écritures. Cependant, nous examinerons les Écritures selon qu'elles ont été comprises et affirmées par l'Église[1] du Christ au cours de son histoire. Jésus a promis de bâtir et de garder son Église (Mt 16.18). Il me paraît donc nécessaire de recevoir le témoignage de l'Église sur les Écritures puisque c'est par celle-ci que Dieu a élevé la vérité dans le monde (1 Tm 3.15). Cette démarche ne signifie pas que l'Église a été infaillible dans son interprétation de la Parole de Dieu, mais simplement que nous devons tenir compte de son interprétation pour pouvoir affirmer la foi chrétienne.

L'Église a-t-elle conservé une même foi tout au long de son histoire? Certains diront qu'une rupture importante eut lieu au 16e siècle lors de la Réforme protestante. Une question s'impose donc : la Réforme fut-elle un écart de la foi chrétienne ou un retour à celle-ci? Les réformateurs, quant à eux, avaient la conviction non pas de s'éloigner de l'enseignement passé de l'Église, mais d'y revenir. C'est pour cette raison qu'en plus de citer abondamment la Bible pour expliquer la foi chrétienne, ils citaient les pères de l'Église afin de démontrer que la Réforme était un retour à la foi de l'Église. En fait, les réformateurs croyaient que le christianisme sophistiqué hérité du Moyen-âge était une déviance de la foi chrétienne authentique, biblique et historique.

---

[1] Par « Église », je ne désigne pas une confession particulière, mais l'Église universelle, c'est-à-dire tous les croyants qui ont été régénérés par le Saint-Esprit et qui gardent une foi vivante au Christ. Il est évident qu'il n'existe pas de consensus doctrinal sur tous les sujets parmi ces personnes qui forment l'Église, ce qui n'empêche pas que le Seigneur ait dirigé son Église dans la vérité au cours des siècles. Ainsi, nous tenterons de voir comment Dieu a dirigé son Église, même lorsque plusieurs opinions existent en son sein sur un sujet particulier.

La Réforme n'a pas eu à réformer les dogmes tels que la christologie ou la Trinité puisque sur ces questions l'Église ne s'était pas éloignée des premiers grands conciles chrétiens où ces questions furent abordées et fixées à la lumière de la Bible. Ce qui était au cœur de la Réforme protestante était autre chose ; il s'agissait de l'Évangile. Sur quelle base doit-on définir l'Évangile ? Comment l'homme est-il sauvé ? Qu'est-ce que la grâce de Dieu ? Que signifie l'œuvre de Jésus-Christ ? Ayant eu le privilège d'étudier la théologie et d'examiner ces choses durant une bonne période de ma vie, je partage la même conviction que celle des réformateurs concernant les vérités fondamentales de la foi chrétienne. J'écris ce livre avec la conviction que l'Évangile prêché et expliqué par les réformateurs était l'Évangile de Jésus-Christ et des apôtres.

Au terme de la Réforme du 16e siècle, on pouvait résumer l'enseignement de celle-ci par cinq affirmations. Ces cinq affirmations sont la quintessence de l'Évangile. Elles sont cinq expressions en latin qui définissent l'essentiel de la foi chrétienne. *Sola Scriptura* : l'Écriture seule est le fondement du christianisme authentique. La Bible est l'unique Parole de Dieu et elle constitue la seule règle de notre foi. *Sola fide* : la foi seule est le moyen par lequel Dieu justifie l'homme. Aucune autre chose ne peut le justifier devant Dieu. *Sola gratia* : la grâce seule est à l'origine du salut de l'homme. Seule la grâce de Dieu explique la cause, l'efficacité et la durée du salut de Dieu pour l'homme. *Solus Christus* : Christ seul, le Fils de Dieu et l'unique médiateur entre Dieu et les hommes peut sauver l'homme. Il n'y a sous le ciel aucun autre nom par lequel nous pourrions être sauvés. *Soli Deo gloria* : à Dieu seul la gloire pour ce salut magnifique. L'homme ne peut qu'être reconnaissant pour son salut puisque Dieu seul en est l'auteur.

Ces cinq *solas* résument l'essence de la foi chrétienne. Ils sont fondés sur la doctrine de Dieu comme seul souverain, le Créateur et le Rédempteur des hommes. Ils présentent le glorieux Évangile du Père, du Fils et du Saint-Esprit qui a racheté sa création. Et ils proclament sa Parole immuable, efficace et éternelle. Plaise au Seigneur d'utiliser ces quelques pages comme la voix de son ancien prophète qui proclamait à Israël :

« Ainsi parle l'Éternel :
Placez-vous sur les chemins, regardez,
Et demandez quels sont les anciens sentiers,
Quelle est la bonne voie ; marchez-y,
Et vous trouverez le repos de vos âmes! » (Jr 6.16)

Chapitre 1

Sola Scriptura

Le point fondamental, sur lequel toute la Réforme protestante fut construite, fut l'Écriture seule. Il y a deux passages des épîtres de Paul auxquels je pense pour introduire ce principe. « Vous avez été édifiés sur le fondement des apôtres et des prophètes, Jésus-Christ lui-même étant la pierre angulaire. » (Ep 2.20) Certains diront que le seul fondement de l'Église c'est Jésus-Christ. À quoi je dis amen! Par contre, de quel Christ parlons-nous? Est-ce le Christ des apôtres et des prophètes, c'est-à-dire le Christ des Écritures, ou un faux christ (Mt 24.24) dénué de sa pleine divinité ou de son autorité? Une Église, pour être édifiée, doit impérativement s'élever sur le fondement des apôtres et des prophètes, c'est-à-dire la Bible.

L'autre passage auquel je pense est le suivant : « Selon la grâce de Dieu qui m'a été donnée, j'ai posé le fondement comme un sage architecte, et un autre bâtit dessus. Mais que chacun prenne garde à la manière dont il bâtit dessus. Car personne ne peut poser un autre fondement que celui qui a été posé, savoir Jésus-Christ. » (1 Co 3.10-11). Deux pièges ont guetté l'Église au cours de son histoire : 1. Poser un autre fondement que celui des apôtres en abandonnant la Parole de Christ. 2. Mal bâtir sur ce fondement, c'est-à-dire s'écarter du plan d'architecture

15

tout en bâtissant sur le même fondement. Pour conserver le bon fondement et bâtir fidèlement dessus, il est nécessaire d'appliquer le principe *sola Scriptura* que l'Église, pendant son histoire, a généralement affirmé ; en particulier lors de la Réforme protestante.

1. Qu'est-ce que *sola Scriptura*?

La Réforme protestante n'est pas arrivée avec la découverte du principe *sola Scriptura*, mais avec la découverte de la justification par la foi seule (*sola fide*). C'est un peu plus tard que les protestants sont arrivés à la conclusion inévitable du *sola Scriptura*. En étudiant la Bible, Martin Luther a redécouvert que l'homme n'est pas justifié grâce à ses bonnes œuvres, mais uniquement par la foi en Jésus-Christ… Lorsqu'il a commencé à prêcher cet Évangile, l'Église catholique romaine s'est farouchement opposée, car l'enseignement catholique romain était contraire. Luther, et tous ceux qui étaient de son avis se sont retrouvés devant un dilemme : ou bien l'Église catholique romaine a raison ou bien la Bible a raison, mais les deux ne peuvent pas avoir raison. Voici ce que Luther a répondu aux autorités ecclésiastiques et civiles qui l'ont sommé de se rétracter et de revenir à l'enseignement de Rome :

> Puisque Votre Majesté Impériale et Vos Seigneuries me demandent une réponse nette, je vais vous la donner sans cornes et sans dents. Non! Si l'on ne me convainc par les témoignages de l'Écriture ou par des raisons décisives, car je ne crois ni au Pape ni aux conciles seuls, puisqu'il est clair comme le jour qu'ils ont souvent erré et qu'ils se sont contredits. Je suis dominé par les

Saintes Écritures que j'ai citées, et ma conscience est liée par la Parole de Dieu. Je ne peux ni ne veux me rétracter en rien, car il dangereux d'agir contre sa propre conscience. Me voici, je ne puis autrement. Que Dieu me soit en aide![2]

Sola Scriptura signifie que l'Écriture seule est la Parole de Dieu et qu'elle est la seule norme de la foi et de l'Église. La position protestante pouvait sembler être un progrès ou une nouveauté dans l'histoire de l'Église, mais comme l'écrit Keith Mathison, il s'agissait d'un retour à la position des apôtres et des premiers chrétiens jusqu'au Moyen-âge.

Des hommes comme Martin Luther et Jean Calvin n'ont pas créé une nouvelle doctrine lorsqu'ils ont combattu la tyrannie et l'apostasie de l'Église catholique romaine en établissant le *sola Scriptura*. En fait, les réformateurs appelèrent l'Église à revenir à son enseignement précédent, à revenir à la conception qu'il n'existe qu'une seule source de révélation[3].

On retrouve clairement cette pensée dans le mouvement évangélique[4] qui est né en Grande-Bretagne au 17e siècle

---

[2] Cité par J.M. Nicole, *Précis d'histoire de l'Église*, Nogent-sur-Marne, Éditions de l'Institut Biblique, 1972, p. 141.

[3] Keith A. Mathison, « *Sola Scriptura* », *After Darkness, Light*, Phillipsburg, P&R, 2003, p. 35

[4] Historiquement, le terme « évangélique » désigne les croyants qui fondent leur foi sur la Bible uniquement et qui croient à l'Évangile par la grâce seule et par la foi seule.

et duquel sont issues un grand nombre d'Églises évangéliques d'aujourd'hui. Voici comment ils l'exprimèrent dans la *Confession de foi baptiste de Londres de 1689*[5], qui demeure à ce jour un chef-d'œuvre parmi les credo chrétiens : « L'Écriture sainte est la seule règle suffisante, certaine et infaillible de toute connaissance qui sauve, de foi et d'obéissance… ainsi, l'Écriture sainte est indispensable[6] ». À partir de ce principe, une Église qui désire être fidèle à Dieu doit nécessairement se centrer sur la Parole de Dieu. C'est ce que nous appelons la centralité des Écritures.

2. Qu'est-ce que la centralité des Écritures?

Beaucoup d'Églises chrétiennes acceptent le principe *sola Scriptura* en théorie, mais le rejettent en pratique en ne l'appliquant tout simplement pas. L'Église doit-elle être centrée sur la mission? Ou sur les relations entre croyants?

---

[5] Cette confession de foi est en fait une version baptiste de la *Confession de Westminster* de 1646. En 1643, pendant la première révolution anglaise qui allait aboutir au gouvernement de Cromwell, le parlement anglais commanda, à Westminster, une assemblée formée de théologiens puritains des plus instruits. Ils devaient conseiller le parlement afin que celui-ci réorganise l'Église d'Angleterre sur le modèle réformé. Pendant près de six ans, 121 théologiens s'assemblèrent, ils organisèrent en tout 1163 séances lors desquelles ils rédigèrent la *Confession de foi de Westminster* qui est considérée comme étant l'une des plus belles synthèses de la théologie chrétienne réformée. Les baptistes, qui étaient eux-mêmes des réformés, adoptèrent une version modifiée de cette confession de foi lors de leur première assemblée générale à Londres en 1689. En raison de sa grande qualité en tant que témoin de la foi chrétienne historique, nous nous reporterons souvent à ce document dans les prochains chapitres.

[6] *La Confession de foi baptiste de Londres de 1689*, 1.1.

Ou sur la famille? Ou sur l'amour? Ou sur l'étude? Ou sur la prière? Ou sur un projet qu'elle s'est donné? Ou sur la relation d'aide? Ou sur elle-même? La bonne réponse ne dépend pas de notre opinion, mais de celle de Dieu : qu'est-ce que Dieu nous appelle à mettre au centre de l'Église? La réponse est simple : Dieu nous appelle à le mettre lui au centre de l'Église, de nos familles et de nos vies. Le prophète Ésaïe reçut une vision de Dieu : « L'année de la mort du roi Ozias, je vis le Seigneur assis sur un trône très élevé, et les pans de sa robe remplissaient le temple. » (Es 6.1). Seul le Seigneur doit remplir le temple, il ne doit y avoir de la place pour aucun autre que Lui. Il n'y a qu'une seule façon pour l'Église d'être centrée sur Dieu, c'est en étant centrée sur la Parole de Dieu. Il n'y a aucune séparation possible entre ce que Dieu dit et ce que Dieu fait, entre la Parole de Dieu et Dieu lui-même. Connaître l'Écriture c'est connaître Dieu, car il s'agit de la seule révélation par laquelle nous connaissons Dieu. Bien sûr, il faut le Saint-Esprit pour véritablement connaître Dieu par sa Parole, mais le Saint-Esprit n'agit pas séparément de la Parole. Ce que l'Esprit fait, la Parole le fait et vice versa. L'Écriture est sortie de Dieu (2 Tm 3.16), la lire c'est lire son cœur.

En étant centrée sur l'Écriture, l'Église sera en harmonie avec la volonté de Dieu pour sa mission, ses relations, l'amour et tout ce qui peut concerner une vie d'Église. Si la Parole n'est pas notre seul guide, nous nous éloignerons forcément de la volonté de Dieu. Nous ne deviendrons pas nécessairement des hérétiques ou des apostats, mais nous ne serons pas au diapason de Dieu et le jour du Seigneur révèlera que nous aurons mal construit sur le fondement, car une autre parole que la sienne nous aura guidés.

Tous les grands réveils dans l'histoire de l'Église furent provoqués par la prédication de la Parole. Lorsque la vérité est proclamée, exposée et appliquée, la lumière jaillit. Inversement, tous les moments de déclin sont venus avec un abandon de la prédication biblique. Il n'y a absolument rien qui puisse remplacer la centralité de la prédication de la Parole dans l'Église, car « il a plu à Dieu de sauver les croyants par la folie de la prédication » (1 Co 1.21). Malheureusement, de plus en plus d'Églises évangéliques, sans abandonner complètement l'Écriture, introduisent plusieurs autres éléments qu'ils placent au centre du temple, c'est-à-dire de l'Église. Un peu comme les Israélites qui continuaient de rendre un culte à l'Éternel, dans un temple rempli d'idoles. La prédication des Écritures est concurrencée ou carrément remplacée par des témoignages de vie, des partages, de la musique, des présentations actées ou audiovisuelles, des prédications sans contenu biblique, des prédications au contenu biblique partiel qui ne déclarent pas tout le conseil divin, etc. Dans ces circonstances, ce n'est plus Dieu qui parle à son peuple, mais l'homme ; la vérité n'est plus proclamée, mais toutes sortes de discours agréables. La nouvelle façon d'implanter une Église, pour avoir du succès, consiste à demander aux gens, convertis ou non, ce qu'ils attendent d'une Église, comment ils veulent que leur Église réponde à leurs besoins et à ceux de la communauté. C'est maintenant l'homme qui définit ce qu'est l'Église et non Dieu. Cette situation ne prévaut pas partout, car plusieurs Églises demeurent fidèles à la

Parole, mais malheureusement, un nombre grandissant d'Églises prennent cette direction.

A.W. Tozer avait perçu une grave erreur qui prenait déjà beaucoup d'ampleur à son époque (il est mort en 1963) : « Une des erreurs populaires aujourd'hui, et une de laquelle jaillit beaucoup de bruit et d'activités religieuses confuses dans les cercles évangéliques, est l'idée que l'Église doit changer avec les temps qui changent[7]... » Bien avant le pasteur Tozer, le pasteur Paul fit cette déclaration sur un ton grave et solennel :

> Je t'en conjure devant Dieu et devant Jésus-Christ, qui doit juger les vivants et les morts, et au nom de son apparition et de son royaume, prêche la parole, insiste en toute occasion, favorable ou non, reprends, censure, exhorte, avec toute douceur et en instruisant. Car il viendra un temps où les hommes ne supporteront pas la saine doctrine ; mais, ayant la démangeaison d'entendre des choses agréables, ils se donneront une foule de docteurs selon leurs propres désirs, détourneront l'oreille de la vérité, et se tourneront vers les fables. (2 Tm 4.1-4)

La Bible est de moins en moins aimée parce que nous n'aimons pas tout ce qu'elle a à nous dire. Le message de l'amour de Dieu est merveilleux, mais ce que Dieu dit concernant le péché, la sanctification, l'obéissance, le renoncement à soi-même, l'exclusivité de Jésus-Christ, le jugement et les choses de ce genre est trop difficile. Nous préférons ne pas les entendre.

---

[7] Cité par Tom Lyon, *The Centrality of Preaching*, Fullerton, Reformed Baptist Publications, p. 1.

On raconte l'histoire d'un homme qui aimait la science et était fasciné par le monde microscopique. Un jour il fit l'acquisition d'un puissant microscope. Il était ravi de passer des heures à observer toutes sortes de choses sous l'œil puissant de son appareil et examinait tout ce qu'il pouvait. Alors qu'il s'apprêtait à manger son repas préféré, il examina sa nourriture avec le microscope et, à son plus grand dégoût, il s'aperçut que dans sa nourriture il y avait de minuscules petites créatures qui grouillaient par milliers. Il ne voulut pas en savoir davantage de peur de devoir renoncer à son plat favori. Après avoir mangé, il alla détruire le microscope et tenta d'oublier ce qu'il avait vu. C'est ainsi que plusieurs agissent avec la Bible, ils la trouvent merveilleuse, jusqu'au jour où elle leur renvoie une image de leur propre cœur qu'ils ne veulent pas voir…

3. Pourquoi l'Écriture doit-elle être centrale?

L'Écriture doit être centrale à cause de sa nécessité

À nouveau, voici la *Confession de foi de 1689* : « Bien que la lumière naturelle, les œuvres de la création et de la providence manifestent la bonté de Dieu, sa sagesse et sa puissance (…), celles-ci ne sont pas suffisantes pour donner cette connaissance de Dieu et de sa volonté qui est nécessaire au salut[8]. » La lumière naturelle, c'est-à-dire la sagesse des hommes, leur conscience et la nature ne peuvent nous conduire à salut dans la volonté de Dieu (Rm 1.18-25). L'Écriture est donc absolument nécessaire pour connaître Dieu et faire sa volonté (Rm 10.17). Si

---

[8] *La Confession de foi baptiste de Londres de 1689*, 1.1.

l'Écriture n'était pas absolument nécessaire, nous pourrions mettre autre chose au centre de l'Église. Mais comme il est impossible d'être sauvé sans la prédication de la Parole (1 Co 1.21), et comme il est impossible, une fois sauvé, de croître sans la prédication de la Parole (Ep 4.11-15 ; Hé 5.12-14) ; il est donc nécessaire que l'Écriture soit centrale.

L'Écriture doit être centrale à cause de son autorité

Depuis le 18ᵉ siècle, il y a un dogme biblique qui est attaqué de toute part, il s'agit de l'inspiration des Écritures. La raison en est bien simple : si l'inspiration de l'Écriture tombe, l'autorité de l'Écriture tombe aussi ; si la Bible n'est pas divine, elle n'est pas normative. Le Nouveau Testament dit : « Toute Écriture est inspirée de Dieu » (2 Tm 3.16). Que signifie cette affirmation? Le mot « inspiré » vient du mot grec *theopneustos* qui signifie «soufflé par Dieu». L'Écriture est sortie directement de Dieu. La Bible est-elle la Parole de Dieu ou la parole des hommes? S'il s'agit de la parole des hommes, elle n'a pas plus autorité qu'une simple tradition faillible avec peut-être quelques bons préceptes. Ainsi, l'opinion de Paul concernant la femme n'est que l'opinion de Paul. Et l'opinion de Jean concernant le péché n'est que l'opinion de Jean. Et les commandements de Moïse ne sont que les commandements de Moïse. Par contre, si toute l'Écriture est inspirée, il s'agit alors de la Parole de Dieu, normative dans toutes ses affirmations et nul ne peut s'y soustraire. Nous croyons que la Bible est la Parole de Dieu parce qu'elle le dit, et nous savons que ce qu'elle dit est vrai à cause de témoignage du Saint-Esprit en nous.

Une Église fidèle aux Écritures est une Église qui croit à l'inspiration verbale de toute la Bible ; Dieu a inspiré les mots que les auteurs ont employés et non seulement les idées de la Bible. Une telle Église se soumet donc entièrement à tout le conseil divin et ne conteste aucune affirmation de l'Écriture au nom de quelque revendication humaine que ce soit.

Réalisons-nous que Dieu nous parle chaque fois que sa Parole est prêchée? La prédication de la Parole de Dieu est la Parole de Dieu[9]! Pour être Parole de Dieu, une prédication doit être biblique; un enseignement qui ne provient pas des mots de la Bible ne doit pas être considéré comme Parole de Dieu même s'il est inspirant et vrai. Les prédicateurs de la Bible ne sont que des porte-paroles ; lorsqu'ils prêchent fidèlement l'Écriture, c'est Dieu qui parle. Les prédicateurs doivent être humbles et prudents, car ils seront jugés plus sévèrement (Jc 3.1). Cela peut sembler douteux de défendre la prédication lorsqu'on est soi-même prédicateur, en particulier à une époque si opposée à toute forme d'autorité où chacun revendique son autonomie. Mais que cela nous plaise ou non, Dieu a établi ici-bas plusieurs autorités et une seule est infaillible : Sa Parole. L'autorité de l'Église et de ses

---

[9] Cette phrase provient de la Confession helvétique postérieure de 1566 dans laquelle nous lisons: "La prédication de la Parole de Dieu est la Parole de Dieu. C'est pourquoi lorsque cette Parole de Dieu est prêchée dans l'Église par des prédicateurs dûment appelés, nous croyons que la Parole même de Dieu est proclamée et reçue par les fidèles ; et qu'aucune autre Parole de Dieu ne doit être inventée ou attendue du ciel, car maintenant, la Parole même qui est prêchée doit être reçue non comme un ministre qui parle, bien qu'il soit mauvais et un pécheur, mais comme la Parole de Dieu qui demeure vraie et bonne.

dirigeants repose uniquement sur la Bible. Conclusion : celui qui résiste à la Parole résiste à Dieu. L'Écriture doit donc être centrale dans l'Église, car c'est la seule façon d'être soumis à Dieu et non aux hommes.

L'Écriture doit être centrale à cause de sa suffisance

Croyons-nous que la Parole de Dieu est vivante, qu'elle est efficace et qu'elle seule accomplit tous les desseins de Dieu? Dieu le croit lui : Hé 4.12 ; 1 P 1.23 ; Es 55.11. Si nous n'en sommes pas persuadés, nous finirons par prendre autre chose que la Parole de Dieu pour faire l'œuvre de Dieu. Nombre d'Églises sont tombées dans ce piège en cherchant des moyens qui donnent de meilleurs résultats pour attirer plus de gens à l'Église. Ces nouvelles méthodes, possiblement sincères, mais fondamentalement erronées, démontrent que les chrétiens ont de moins en moins confiance dans la suffisance des Écritures. La Bible est-elle suffisante pour nous dire comment élever nos enfants, ou est-elle archaïque et dépassée? L'enseignement du Christ sur la mort à soi-même est-il suffisant pour résoudre nos problèmes d'estime personnelle ou avons-nous besoin d'un professionnel en relation d'aide? La Parole apostolique est-elle suffisante pour nous dire comment chacun doit bâtir (1 Co 3.10) ou avons-nous aussi besoin des méthodes empiriques des spécialistes en gestion et en marketing? La prédication de la croix peut-elle encore sauver les brebis du Christ ou faut-il trouver un message plus attrayant pour attirer les gens à l'Église? Voici un passage que nous ferions bien de nous rappeler :

Le riche dit : Je te prie donc, père Abraham, d'envoyer Lazare dans la maison de mon père; car j'ai cinq frères. C'est pour qu'il leur atteste ces choses, afin qu'ils ne viennent pas aussi dans ce lieu de tourments. Abraham répondit : Ils ont Moïse et les prophètes; qu'ils les écoutent. Et il dit : Non, père Abraham, mais si quelqu'un des morts va vers eux, ils se repentiront. Et Abraham lui dit : *S'ils n'écoutent pas Moïse et les prophètes, ils ne se laisseront pas persuader quand même quelqu'un des morts ressusciterait.* (Lc 16.27-31)

L'Écriture doit être centrale parce qu'elle est pleinement suffisante pour mener les croyants et l'Église dans toute la volonté divine. Seule la Parole de Dieu est efficace pour appeler et édifier les croyants.

Lecture supplémentaire

Ésaïe 8.19-20, Ésaïe 55.10-11

Chapitre 2

Sola Scriptura et non solo Scriptura

Nous avons commencé à examiner l'héritage des Églises issues de la Réforme protestante. Dans le premier chapitre, nous avons vu ce que le principe *sola Scriptura* signifie. Dans ce chapitre-ci, nous verrons ce que ce principe ne signifie pas. Le théologien Keith Mathison écrit :

> La doctrine du *sola Scriptura* a été attaquée pendant des siècles. Plusieurs protestants savent que l'Église catholique romaine a rejeté cette doctrine. Cependant, la plupart des protestants ignorent qu'une grande partie des évangéliques a aussi rejeté la doctrine *sola Scriptura* en altérant complètement son sens[10].

Pour plusieurs croyants, *sola Scriptura* est devenu *solo Scriptura* ; c'est-à-dire l'Écriture en solo ; l'Écriture interprétée individuellement et détachée de la tradition de l'Église. Ceci est une déviance du principe *sola Scriptura* tel qu'affirmé à la Réforme et contredit également

---

[10] Keith A. Mathison, « *Sola Scriptura* », p. 51.

l'enseignement de la Bible sur elle-même. Dans ce chapitre nous présenterons aussi de manière très succincte la doctrine du cessationisme, à savoir : la cessation des dons surnaturels de prophétie et de miracle.

1. *Sola Scriptura* et non *solo Scriptura*

Il y a de cela quelques années, j'assistais à un service dans une Église évangélique. Celui qui présidait la réunion déclara la chose suivante : « Un texte de la Bible c'est comme un diamant, chacun peut regarder le même texte sous un angle différent et tous les angles reflètent la lumière. Ainsi, je peux comprendre un texte d'une manière et un autre frère a une autre compréhension, mais nous sommes tous éclairés par le Seigneur. » Manifestement, ce frère ne réalisait pas le danger d'une telle affirmation. Le relativisme qu'on retrouve dans le monde, où chacun se fait sa propre vérité, a fait son chemin jusque dans l'Église.

Solo Scriptura signifie que chacun lit la Bible pour soi. L'Écriture n'a plus de sens objectif et commun, mais un sens subjectif et individuel. Les exégètes, commentateurs et prédicateurs n'ont plus d'autorité comme interprètes du texte sacré, car le Seigneur « montre » à chacun individuellement ce qu'il veut lui dire personnellement. On m'a raconté une anecdote impliquant le professeur Donald Carson, exégète du Nouveau Testament de renommée mondiale. Lors d'un cours offert pour des auditeurs libres, un frère profita de la pause pour aller voir le professeur Carson afin de lui exprimer son interprétation divergente d'un texte que le professeur avait commenté durant le cours. Le frère en question lui dit :

« Le Seigneur m'a montré ce que ce texte signifie et ce n'est pas ce que vous avez enseigné. » Sagement, l'enseignant lui répondit : « Mais à moi aussi le Seigneur a montré ce que ce texte signifie. » Au lieu de remettre en question son interprétation et surtout sa méthode d'interprétation, ce frère conclut : « Humm, il semble que le Seigneur a un message différent pour chacun de nous. »

La tendance *solo Scriptura* vient d'une mauvaise compréhension de la direction de Dieu dans nos vies : l'idée selon laquelle Dieu nous guide selon un plan individuel qu'il nous révèle progressivement et de manière mystérieuse tout au long de notre vie. Cette idée vient d'une tradition mystique et non de l'Écriture sainte. On tente parfois de défendre cette approche subjective et mystique d'interprétation de la Bible avec des passages de ce genre : « Quand le consolateur sera venu, l'Esprit de vérité, il vous conduira dans toute la vérité. » (Jn 16.13). Ou encore : « Pour vous, l'onction que vous avez reçue de lui demeure en vous, et vous n'avez pas besoin qu'on vous enseigne ; mais comme son onction vous enseigne toutes choses… » (1 Jn 2.27)

Ces textes n'enseignent pas l'idée d'une direction directe du Saint-Esprit à la manière *solo Scriptura*. Le premier texte est une promesse que Christ fit à ses apôtres afin qu'ils puissent être ses représentants officiels pour fonder l'Église (Ep 2.20 ; Mt 16.18), établir la doctrine nécessaire au salut (Mt 16.19 ; Jn 20.22-23) et rédiger le Nouveau Testament (Phm 1.8 ; 1 Th 2.13, 4.8 ; 2 P 3.15-16). Sans l'action surnaturelle du Saint-Esprit auprès des apôtres, une telle autorité aurait été catastrophique entre les mains de pécheurs. Le deuxième texte déclare que nous reconnaissons que la Parole apostolique est la vérité divine grâce au témoignage du Saint-Esprit en nous. L'Esprit nous conduit à demeurer dans la Parole qu'il illumine en nous. L'illumination de la vérité est différente de la révélation de la vérité : la révélation consiste à dévoiler ce qui ne l'était pas, tandis que l'illumination consiste à éclairer ce qui a été révélé. De plus, 1 Jean 2.27 ne nie pas la nécessité pour l'Église d'être enseignée par des ministres de la Parole ainsi qu'elle le déclare ailleurs (Ep 4.11-15).

Concernant l'interprétation biblique, il y a un texte que nous devons absolument considérer, il s'agit de 2 Pierre 1.20-21 : « sachant tout d'abord vous-mêmes qu'aucune prophétie de l'Écriture ne peut être un objet d'interprétation particulière, car ce n'est pas par une volonté d'homme qu'une prophétie a jamais été apportée, mais c'est poussés par le Saint-Esprit que des hommes ont parlé de la part de Dieu. » Voici d'autres traductions du verset 20 :

> « Avant tout, sachez-le bien : aucune prophétie de l'Écriture n'est affaire d'interprétation privée. » (version TOB)

> « Avant tout, sachez-le : aucune prophétie d'Écriture n'est objet d'explication personnelle. » (version Jérusalem)

> « Avant tout, sachez bien ceci : personne ne peut interpréter de lui-même une prophétie de l'Écriture. » (version Français Courant)

De toute évidence, la Bible ne cautionne pas la tendance *solo Scriptura*. L'Écriture fut révélée de Dieu, ce ne sont donc pas les prophètes ou l'Église qui donnent le sens à la Parole de Dieu, mais celle-ci a un sens en elle-même. Le sens d'un texte est objectif et ce sens est le même pour tous, même si l'application peut différer d'une personne à l'autre. Pierre déclare que le sens d'un texte est objectif lorsqu'il écrit : « les personnes ignorantes et mal affermies tordent le sens [des lettres de Paul], comme celui des autres Écritures » (2 P 3.16). Pour tordre le sens, il faut d'abord qu'il y ait un sens. Notre tâche est de découvrir ce sens objectif et non d'inventer un sens pour nous-mêmes. Voici la règle par excellence pour interpréter l'Écriture :

> La règle infaillible pour l'interprétation de l'Écriture, c'est l'Écriture elle-même. Par conséquent, quand se pose une question au sujet du sens véritable et plein d'un passage de l'Écriture (sens qui est un et non multiple), la réponse doit être décidée sur la base d'autres passages qui parlent plus clairement de ce sujet[11].

La plupart des erreurs théologiques viennent du fait qu'on ne laisse pas l'Écriture s'interpréter elle-même. Ces erreurs surviennent lorsque nous laissons notre imagination, nos présupposés ou nos lunettes théologiques déterminer le sens d'un passage et ainsi nous emprisonnons souvent le sens véritable d'un texte en l'associant à une idée préconçue. Ainsi, nous tirons des conclusions d'un texte alors que nous avons prédéfini son interprétation possible. Voici une petite histoire qui illustre cette façon de faire.

---

[11] *La Confession de foi baptiste de Londres de 1689*, 1.9.

Un homme marchait sur le trottoir, en marchant il rencontra un ami qu'il n'avait pas vu depuis longtemps.

« Salut, comment vas-tu? lui demanda-t-il.

— Ça va merveilleusement bien, lui répondit son ami, surtout depuis que j'ai commencé à suivre des cours de logique, tout est plus simple…

— Des cours de logique? rétorqua l'homme intrigué.

— Je vais te donner un exemple, répondit l'ami, content de pouvoir exposer sa logique : As-tu un aquarium chez toi?

— Oui, dit-il.

— Si tu as un aquarium, c'est parce que tu aimes l'eau et le monde aquatique. Y a-t-il des poissons dans ton aquarium?

— Oui, bien sûr, affirma l'homme.

— Donc, si tu as des poissons que tu nourris quotidiennement, c'est que tu aimes les espèces vivantes et que tu aimes la vie. As-tu une variété de poissons?

— Oui, j'ai des poissons tropicaux, des bleus, des jaunes, des noirs.

— C'est donc parce que tu aimes la diversité, continua son ami. Alors si tu aimes la diversité, logiquement tu n'es pas raciste.

— Wow! répondit l'homme stupéfait, c'est logique! Dis-moi où je peux m'inscrire à ce cours! »

L'homme continua son chemin heureux et absorbé par la logique irréductible qu'on venait de lui démontrer. Un autre ami l'arrêta pour le saluer et prendre de ses nouvelles. L'homme, tout fier, déclara qu'il s'apprêtait à suivre des cours de logique. « Des cours de logique? » demanda son nouvel interlocuteur. « Je vais te donner un exemple, lui dit-il. As-tu un aquarium chez toi? » « Non! » répondit son ami. « Eh bien... Euh... C'est probablement parce que tu es raciste! »

Comme cet homme, nous ne faisons pas toujours les bonnes associations en interprétant la Bible. Voici un exemple que j'ai vu très souvent. Vous connaissez le verset où Paul dit : « la lettre tue, mais l'Esprit vivifie » (2 Co 3.6)? L'association que l'on fait souvent est que l'enseignement sec de la Bible tue, mais les communications compatissantes avec l'onction du Saint-Esprit restaurent. Cette interprétation n'a cependant rien à voir avec ce que Paul dit, il s'agit d'une « interprétation particulière », comme celles condamnées par l'apôtre (2 P 1.20) et d'une « association logique d'idées », comme dans l'histoire avec l'aquarium. Dans ce passage, Paul compare l'Ancienne Alliance et la Nouvelle Alliance ; l'Ancienne Alliance (la lettre) n'avait pas pour but de donner la vie éternelle, mais de condamner le péché, tandis que la Nouvelle Alliance (l'Esprit) donne la vie. Ainsi, « la lettre tue, mais l'Esprit vivifie », cependant pour arriver à comprendre ce verset, il faut laisser le reste du passage et les passages parallèles faire l'interprétation pour nous. Ceci est « la règle infaillible pour l'interprétation de l'Écriture », l'Écriture interprète l'Écriture.

Une dernière chose avant de passer au prochain point. Une Église fidèle au principe *sola Scriptura* est aussi une Église confessionnelle. Être confessionnel signifie adhérer à une confession de foi qui reflète le caractère historique de la foi. La vérité s'exprime dans des mots et se résume par des propositions compréhensibles. Être confessionnel signifie que nous avons une compréhension commune de la vérité puisque la vérité a été destinée à être comprise en Église : « l'Église du Dieu vivant [est] la colonne et l'appui de la vérité » (1 Tm 3.15). C'est par l'Église que Dieu a destiné la vérité à être comprise, affirmée et proclamée. Je ne saurais exagérer l'importance de ce principe. L'interprétation de l'Église n'est pas infaillible, mais elle est beaucoup plus sûre que l'interprétation privée. Nous avons le devoir non pas de rejeter les traditions chrétiennes, mais de les examiner à la lumière des Écritures. Ceux qui prétendent n'avoir aucune tradition se trompent eux-mêmes et puisque tous les croyants ont une tradition, la solution n'est pas d'essayer de se dégager de toute influence pour comprendre la vérité, mais de se soumettre à une bonne tradition ; c'est-à-dire une tradition conforme à l'enseignement de la Bible. La Réforme a mis en lumière l'importance de se soumettre aux vérités bibliques que l'Église chrétienne a affirmées et élevées au cours de son histoire. Ces vérités ne sont pas seulement des balises générales, mais elles sont l'essence même de la foi. L'unité de la foi entre les croyants est une unité confessionnelle (Ep 4.13). L'histoire confirme que plus les croyants tendent vers le *solo Scriptura*, plus ils risquent de se diviser. Les divisions sont plus facilement évitées lorsque les croyants ont une compréhension commune des Écritures et s'en tiennent aux données bibliques, telles qu'affirmées objectivement dans une confession de foi qui a fait ses preuves.

Certains contesteront peut-être cette dernière affirmation sous prétexte que les confessions de foi divisent les chrétiens plutôt qu'elles ne les unissent. Carl Trueman concède ce point en ajoutant : « Parfois il vaut mieux être "divisés" parce qu'on reconnaît qu'une question est importante, et qu'on diverge d'opinion sur cette question, que d'être "unis" parce qu'on ne peut reconnaître qu'une question est importante. Le baptême est un des meilleurs exemples de cela[12]. » L'unité chrétienne n'exige, ni l'uniformité de la pensée, ni le rejet des définitions de la foi. Il peut exister une unité entre chrétiens de différentes confessions, mais il ne peut y avoir d'unité de foi sans définition de la foi.

---

[12] Le professeur Trueman a fait cette déclaration lors d'une entrevue portant sur son livre *The Creedal Imperative*, Wheaton IL, Crossway books, 2012, 205 p. Cet ouvrage présente la nécessité pour l'Église d'être confessionnelle. L'entrevue en anglais peut être écoutée à cette adresse : http://confessingbaptist.com/interview060/

2. La cessation des dons surnaturels de révélation

Je ne pourrai pas faire un exposé complet du cessationisme[13], mais voici les points essentiels qui se rapportent directement à la question du *sola Scriptura*. Le Nouveau Testament avait annoncé que les dons surnaturels prendraient fin : « La charité ne périt jamais. Les prophéties prendront fin, les langues cesseront, la connaissance disparaîtra. » (1 Co 13.8) La question n'était pas : est-ce que ces dons disparaîtront, mais plutôt : quand disparaîtront-ils?

La Bible enseigne que les manifestations surnaturelles avaient pour but de ratifier la prédication apostolique. Autrement dit, pour démontrer qu'il approuvait le message des apôtres, Dieu a témoigné avec eux par des signes et des prodiges. C'est ce que déclare l'auteur de l'Épître aux Hébreux : « Comment échapperons-nous en négligeant un si grand salut, qui, annoncé d'abord par le Seigneur, nous a été confirmé par ceux qui l'ont entendu, *Dieu appuyant leur témoignage par des signes, des prodiges, et divers miracles, et par les dons du Saint-Esprit distribués selon sa volonté.* » (Hé 2.3-4). Paul parle des signes et des prodiges comme étant des preuves de son apostolat l'autorisant ainsi à parler au nom du Seigneur (2 Co 12.12). Ces signes servaient donc à authentifier les

---

[13] Vous retrouverez une présentation un peu plus complète sur mon site dans une vidéo intitulée: Le parler en langues et la prophétie – une phase révolue dans le plan de Dieu: http://unherautdansle.net/sermon-2015-02-15. Il existe également plusieurs ouvrages très utiles sur cette question. Je recommande celui de John MacArthur, Strange Fire, Nashville TN, Nelson Books, 2013, 333 p.

messagers envoyés de Dieu, afin que le Message fût reçu. Une fois que le Nouveau Testament fut complètement rédigé et que « la foi fut transmise aux saints une fois pour toutes » (Jd 1.3), ces signes n'étaient plus nécessaires ; c'est pourquoi, dès que l'ère apostolique cessa, les dons apostoliques cessèrent également.

Cependant, pendant l'ère apostolique, alors que le Nouveau Testament n'était pas complété, les dons de révélation étaient nécessaires. Nous imaginons parfois que la dispensation de la Nouvelle Alliance a commencé subitement. En réalité, la compréhension du salut, même si elle est venue rapidement au sein de l'Église, est venue progressivement. La période du Nouveau Testament fut une époque charnière entre l'Ancienne et la Nouvelle Alliance où la révélation finale est venue graduellement jusqu'à la fermeture du canon biblique.

Lorsque l'Église s'assemblait le Jour du Seigneur, qu'allait-on prêcher? L'Église avait besoin que Jésus-Christ soit prêché, que le sens de sa venue et les conséquences de son œuvre soient expliqués. Comme les apôtres ne reçurent pas le don d'ubiquité parmi les dons qu'ils reçurent pour fonder l'Église (ils ne pouvaient être partout à la fois), des prophètes leur étaient associés dans l'Église. Leurs prophéties étaient en fait des enseignements adressés à toute l'Église. Ces prophéties avaient pour but d'expliquer l'œuvre de Christ et devaient être en harmonie avec l'enseignement apostolique (Rm 12.6). L'Église devait recevoir l'enseignement des prophètes de la même manière qu'elle recevait celui des apôtres (Ep 2.20) et recevoir ces prophéties à la lumière des Écritures déjà données à l'Église (Ac 17.11 ; 1 Th 5.20-21).

Parallèlement à la prophétie, on retrouvait le don des langues. Bien que la prophétie et les langues fussent une bénédiction pour l'Église de cette époque, elles étaient temporaires puisqu'elles n'apportaient qu'une connaissance partielle et incomplète. La révélation complète devait être communiquée définitivement par le ministère apostolique (Jn 16.13 ; Ep 3.1-12 ; Ac 26.17-18). C'est pourquoi l'apôtre Paul déclare que les langues et les prophéties devaient prendre fin pour faire place à la révélation finale et complète de la Nouvelle Alliance :

> La charité ne périt jamais. Les prophéties prendront fin, les langues cesseront, la connaissance disparaîtra. Car nous connaissons en partie, et nous prophétisons en partie, mais quand ce qui est parfait sera venu, ce qui est partiel disparaîtra. Lorsque j'étais enfant, je parlais comme un enfant, je pensais comme un enfant, je raisonnais comme un enfant ; lorsque je suis devenu homme, j'ai fait disparaître ce qui était de l'enfant. Aujourd'hui nous voyons au moyen d'un miroir, d'une manière obscure, mais alors nous verrons face à face ; aujourd'hui je connais en partie, mais alors je connaîtrai comme j'ai été connu. Maintenant donc ces trois choses demeurent : la foi, l'espérance, la charité ; mais la plus grande de ces choses, c'est la charité. (1 Co 13.8-13)

Plusieurs enseignent que ce passage parle de notre condition future à la glorification. Encore une fois, nous associons au texte une idée qu'il n'a pas, car le contexte ne parle manifestement pas de l'éternité future, mais de la maturité chrétienne dans l'amour. Laissons l'Écriture interpréter l'Écriture. D'abord, il est peu probable que Paul parle de la glorification, car il dit que trois choses demeurent : la foi, l'espérance et la charité. Cependant, au moins deux de ces trois choses ne demeureront pas à la glorification : la foi ne sera plus lorsque nous marcherons par la vue (2 Co 5.6-7) et l'espérance non plus, car « ce qu'on voit, peut-on l'espérer encore ? » (Rm 8.24)

Alors, si « ce qui est parfait » ne se réfère pas à la glorification, à quoi cela réfère-t-il ? Pour comprendre ce que Paul veut dire par « ce qui est parfait », il faut comprendre ce qu'il veut dire par « ce qui est partiel ». Le texte indique clairement que lorsque Paul parle de ce qui « est partiel », il s'agit de la révélation : « nous connaissons en partie ». La Nouvelle Alliance fut révélée progressivement, elle fut donc connue « en partie » tant que la révélation ne fut pas complète ; les révélations étaient donc partielles. Autrement dit, au moment où l'apôtre écrivit aux Corinthiens, il restait encore beaucoup de choses à être révélées, c'est pourquoi il dit : « nous connaissons en partie ». Les dons de révélation ont continué jusqu'à ce que « ce qui est parfait » fût venu, c'est-à-dire la pleine révélation de la Nouvelle Alliance (2 Co 3.18). Cette pleine révélation fut achevée avec la transmission par écrit du fondement des apôtres qui fut la dernière phase de l'Écriture sainte : le Nouveau Testament. La fermeture du canon biblique mit fin à la fois à la période transitoire où l'Église connaissait en partie, et à l'Ancienne Alliance qui s'est soldée par la destruction de Jérusalem en 70 tel que Jésus l'avait annoncé (Lc 19.41-44). L'ère de la Nouvelle Alliance fut dès lors pleinement établie, car celle-ci fut parfaitement révélée au terme du ministère apostolique. « Ce qui est parfait » est donc la pleine révélation du salut en Jésus-Christ qui fut mis en lumière et porté à la connaissance des hommes par le ministère des apôtres selon les paroles mêmes de Saint-Paul :

> À celui qui peut vous affermir selon mon Évangile et la prédication de Jésus-Christ, conformément à la révélation du mystère caché pendant des siècles, mais manifesté maintenant par les écrits des prophètes, d'après l'ordre du Dieu éternel, et porté à la connaissance de toutes les nations, afin qu'elles obéissent à la foi. (Rm 16.25-26 ; voir aussi Ep 3.1-12)

« Quand ce qui est parfait sera venu, ce qui est partiel disparaîtra. » Dans ce contexte le mot « parfait » a le sens de mature et non de glorifié ; ce mot est employé 19 fois dans le Nouveau Testament et il parle toujours d'une réalité présente et jamais future ; il est toujours question de la maturité dans le Seigneur et jamais de la glorification (voir p. ex. : Ep 4.13). Paul dit que lorsque la maturité dans la connaissance de Dieu sera venue, les révélations cesseront, car la révélation sera complète (parfaite). C'est exactement ce qui s'est produit dans l'histoire, dès que le canon fut fermé et l'ère apostolique révolue, les prophéties et les langues prirent fin. Je ne crois pas que les manifestations extatiques ou charismatiques qu'on retrouve aujourd'hui dans certains milieux évangéliques (et même en dehors de la foi chrétienne) correspondent aux langues, miracles et prophéties qu'on retrouve dans le Nouveau Testament. Seule l'Écriture est normative et celle-ci ne cautionne pas de nouvelles révélations détachées de l'autorité apostolique.

Adhérer au principe *sola Scriptura* signifie rejeter la tendance *solo Scriptura*. Il s'agit aussi d'une appropriation confessionnelle de la Parole de Dieu. Généralement, ceux qui acceptent ainsi le principe *sola Scriptura*, voient aussi l'ère apostolique comme étant un passage unique dans l'histoire de l'Église et envisagent cette ère comme étant maintenant révolue. Cependant, l'Église n'est pas passée à quelque chose de moindre que l'ère apostolique, mais à quelque chose de supérieur : l'ère où, dans une pleine clarté, la Nouvelle Alliance est parfaitement révélée à l'Église qui est illuminée par le Saint-Esprit depuis bientôt 2000 ans. Quel privilège ont reçu les chrétiens postapostoliques!

Lecture supplémentaire

2 Pierre 1.19-21

Chapitre 3
Sola fide, la justification

Le deuxième *sola* par lequel nous allons examiner l'essence de la foi chrétienne est *sola fide*. Cette expression signifie par la foi seule ; sous-entendu que la justification s'obtient par la foi seulement et non par les œuvres. Avant de considérer la place et la fonction de la foi dans la justification, nous devons considérer la justification elle-même, car nous ne comprendrons pas ce que signifie être justifié par la foi, si nous ne comprenons pas ce qu'est la justification. Dans ce chapitre, nous nous limiterons à la définition de la justification et dans le prochain, nous verrons comment les croyants sont justifiés par la foi.

La doctrine de la justification est l'une des plus importantes dans l'édifice du christianisme. Martin Luther déclara qu'il s'agit de la doctrine sur laquelle l'Église tient ou s'écroule. Calvin écrit que la justification « est l'article principal de la religion chrétienne[14] ». De tout temps, il y a eu des erreurs graves quant à cette doctrine et aujourd'hui encore, même dans nos milieux, cette doctrine essentielle n'est pas toujours bien comprise. Nous aborderons la justification sous trois angles : 1. la

---

[14] Jean Calvin, *Institution de la religion chrétienne*, III, XI, 1.

nature de la justification ; 2. le problème de la justification ; et 3. la solution de la justification.

1. La nature de la justification

La justification ne nous rend pas meilleurs ni pires, elle ne change pas notre cœur ni notre pensée, car cela n'est pas le rôle de la justification. Que fait donc la justification? Elle est un verdict, une déclaration légale, une affirmation juridique. Justifier signifie déclarer juste. La justification est l'inverse de la condamnation : de même que condamner consiste à déclarer coupable et non à rendre coupable, justifier consiste à déclarer juste et non à rendre juste. En nous justifiant, Dieu nous déclare justes, mais il ne nous rend pas justes. Luc 7.29 démontre que le mot « justifier » ne peut pas signifier rendre juste : « Et tout le peuple qui l'a entendu et même les publicains ont justifié Dieu ». D'après ce texte, les publicains qui ont reçu la prédication de Jean-Baptiste ont-ils rendu Dieu plus juste qu'il ne l'était déjà ou l'ont-ils simplement déclaré juste? La réponse est évidente : justifier Dieu signifie déclarer que Dieu est juste ; c'est également ce que Dieu fait avec nous en nous justifiant.

Cette conception de la justification est radicalement distincte de toutes les conceptions où l'homme peut devenir juste par ses œuvres. Selon le catholicisme romain, par exemple, justifier signifie rendre juste et non déclarer juste. Pour entrer au ciel, cette conception exige de devenir parfaitement juste sans aucun péché. Comment devient-on juste selon cette approche? Il faut premièrement recevoir l'infusion de la grâce de Dieu au moyen des sacrements qui fourniront au pécheur une nouvelle nature pour se purifier progressivement. Qu'arrive-t-il à celui qui meurt avant d'être devenu juste? Il doit achever sa justification au purgatoire, un enfer temporaire, jusqu'à ce qu'il soit complètement purifié et alors il pourra entrer au paradis.

Le concept biblique de la justification ne peut d'aucune façon se réconcilier avec une telle doctrine de la justification. L'Écriture enseigne que la justification consiste simplement à changer notre statut juridique devant Dieu, pour nous faire passer d'un statut de coupables à un statut de justes. La justification est un verdict dans lequel Dieu acquitte définitivement celui qui croit. De ce verdict découlent toutes les bénédictions spirituelles. Le croyant n'a pas à attendre de devenir parfait pour recevoir la vie éternelle, il la reçoit dès l'instant où il met sa foi en Christ.

Sinclair Ferguson compare ces deux concepts de la justification (la conception catholique et celle des réformateurs) de la manière suivante : « La justification [selon le catholicisme] est le but vers lequel l'individu progresse, non le fondement sur lequel toute la vie chrétienne est vécue[15]. » D'un côté, on vit dans l'attente d'être déclaré juste, tandis que de l'autre on vit sur le fait qu'on a été déclaré juste. Le catholicisme voit la justification comme un acte progressif, tandis que les héritiers de la Réforme voient la justification comme une déclaration définitive. Les uns doivent gagner leur ciel,

---

[15] Sinclair Ferguson, « *Sola Fide* », *After Darkness, Light*, Phillipsburg, P&R, 2003, p. 85.

tandis que les autres le reçoivent gratuitement du fait qu'il a été gagné par un Autre.

2. Le problème de la justification

La justification, telle que nous l'avons définie, pose un sérieux problème : comment Dieu peut-il déclarer des injustes comme étant justes tout en demeurant lui-même un juste juge? Paul comprend ce problème lorsqu'il affirme que Dieu devait agir « de manière à être juste tout en justifiant » (Rm 3.26). Dieu peut-il, sans mentir, rendre un verdict légal sur nos vies et nous déclarer justes devant sa loi? Cela semble impossible pour la raison suivante : « Tous ont péché » (Rm 3.23). Si tous ont péché, tous sont coupables. L'Écriture dit : « Celui qui justifie le méchant et celui qui condamne le juste sont tous deux en abomination à l'Éternel. » (Pr 17.15, Darby). Abraham déclare à Dieu : « Faire mourir le juste avec le méchant, en sorte qu'il en soit du juste comme du méchant, loin de toi cette manière d'agir! Loin de toi! Celui qui juge toute la terre n'exercera-t-il pas la justice? » (Gn 18.25) Dieu pourrait sans problème nous déclarer justes si nous étions justes, mais l'Écriture déclare que Dieu est « celui qui justifie l'impie » (Rm 4.5). Il s'agit d'une totale contradiction : déclarer juste l'impie est un outrage à la justice, c'est un mensonge, c'est un paradoxe, une contrevérité, une aberration.

Comment Dieu peut-il faire une chose si contraire à sa propre nature? Comment Dieu peut-il faire une telle chose et demeurer lui-même juste? Que penseriez-vous d'un juge qui acquitterait un voleur, ou un tueur, ou quelque criminel? Des sanctions seraient immédiatement prises contre un tel juge. Pourtant, Dieu déclare justes les impies que nous sommes. Nous avons menti, haï, convoité, volé, commis des impuretés, des sacrilèges ; il n'y a pas un commandement que nous n'avons pas transgressé et Dieu nous déclare justes malgré tout. Comprenez bien, Dieu ne fait pas simplement pardonner nos péchés, il nous déclare justes, c'est bien différent. Dieu déclare que nous avons parfaitement respecté sa loi et que nous sommes des justes qui doivent conséquemment hériter de la vie éternelle. Le problème c'est que tout le monde sait que c'est faux!

3. La solution de la justification

Maintenant que le problème de la justification a été posé, voyons la solution que la Bible lui apporte. L'Écriture nous annonce une bonne nouvelle : Dieu a trouvé un moyen, non seulement de ne pas condamner les coupables, mais de les déclarer justes, tout en demeurant lui-même juste. Arrêtons-nous, avant de contempler cette solution, pour admirer la toute-puissance et la bonté infinie de Dieu. Un jour, les disciples réalisèrent l'impossibilité pour l'homme d'entrer au ciel de lui-même : « Les disciples, ayant entendu cela, furent très étonnés, et dirent : Qui peut donc être sauvé? Jésus les regarda, et leur dit : Aux hommes cela est impossible, mais à Dieu tout est possible. » (Mt 19.25-26). Cher lecteur, il faut que vous compreniez qu'il était radicalement impossible pour nous d'être sauvés. Notre salut était quelque chose de réellement impossible et non simplement un gros défi à relever, nous ne pouvions pas ne pas être condamnés. Il était impossible que nous puissions être déclarés justes puisque nous étions radicalement injustes et que Dieu, le juge, ne peut pas mentir. C'est véritablement dans l'Évangile que l'omnipotence de Dieu prend tout son sens, bien plus que dans les actes de la providence!

Notre justification était impossible, sauf pour Dieu à qui rien n'est impossible. Lorsque Dieu a créé l'homme, il a établi une alliance avec lui. Cette alliance était le cadre qui définissait la relation entre Dieu et l'homme. Il s'agissait de l'alliance des œuvres. Les termes de cette alliance étaient très simples : l'obéissance donne la vie et la désobéissance donne la mort (Gn 2.16-17 ; Rm 5.12ss). Cette alliance était valide non seulement pour Adam, mais pour tous ses descendants. Lorsqu'Adam a désobéi, il a entraîné toute l'humanité avec lui dans sa chute : « par une seule offense la condamnation a atteint tous les hommes » (Rm 5.18). Après la chute, l'alliance des œuvres n'a pas été abolie, car elle est la base du principe de justice. Par contre, cette alliance ne peut que condamner et donner la mort dorénavant puisque tous désobéissent. Sa promesse de vie ne sert plus à rien. C'est ce que Paul veut dire en écrivant : « S'il eût été donné une loi qui pût procurer la vie, la justice viendrait réellement de la loi. » (Ga 3.21). La loi de l'alliance des œuvres ne peut aucunement procurer la vie « parce que la chair [le péché] la rendait sans force » (Rm 8.3).

À cause de l'alliance des œuvres, Dieu ne peut pas ne pas condamner le péché. Voici donc ce qui rend notre justification impossible : ayant tous péché (Rm 3.23), Dieu peut uniquement nous déclarer coupables et nous condamner. La condamnation c'est la mort (Rm 6.23). À ce point, nous sommes dans le désespoir total ; il n'y a rien que l'homme puisse faire pour remédier à cette situation. Il faut absolument que tous les hommes soient condamnés, autrement Dieu commet une injustice. La seule possibilité pour que les coupables ne soient pas condamnés étant qu'un homme parfaitement juste soit condamné à leur place. Cela est radicalement est impossible, premièrement parce qu'il n'y a pas même un seul juste (Rm 3.10) et deuxièmement parce qu'aucun juste n'accepterait de mourir pour des coupables (Rm 5.7-8).

C'est ici que l'impossible devient un accomplissement historique ; Dieu fait une chose que seule l'omnipotence pouvait accomplir : il s'incarne et devient un homme. Le Dieu infini est devenu un homme caractérisé par la finitude ; il s'agit d'un mystère impénétrable pour la raison, que le Seigneur a pourtant accompli. Dieu fait des merveilles. Christ, Dieu fait homme, est venu dans le monde expressément afin de pouvoir justifier l'homme. Voici donc comment l'injustifiable a été justifié par l'œuvre de Christ.

L'obéissance active et passive de Christ

Nous lisons en Romains 5.19 : « Car, comme par la désobéissance d'un seul homme beaucoup ont été rendus pécheurs, de même par l'obéissance d'un seul beaucoup seront rendus justes. » Généralement, dans les milieux évangéliques, nous comprenons que nous sommes justifiés par la mort de Jésus pour nos péchés. Cela est vrai, mais c'est seulement la moitié de la vérité. Si Dieu ne considérait que la mort de Jésus pour nous, nous ne serions plus condamnés, mais Dieu ne nous déclarerait pas justes. Pourquoi? Parce que Dieu exige plus qu'un paiement pour les péchés, il exige une parfaite obéissance à sa loi. Seul celui qui fournit une obéissance parfaite sera déclaré juste et obtiendra la vie éternelle. Dans son état d'innocence, Adam était capable d'une telle obéissance, mais depuis la chute aucun homme n'a pu obtenir la vie éternelle par son obéissance, sauf un : le dernier Adam qui est né sans péché et qui n'est pas un descendant d'Adam.

Nous ne sommes pas justifiés seulement par la mort de Jésus, mais aussi par sa parfaite obéissance à la loi. Avez-vous déjà remarqué que l'Écriture dit que c'est par l'obéissance de Christ que nous sommes sauvés? « Par l'obéissance d'un seul beaucoup seront rendus justes. » (Rm 5.19) « Ayant paru comme un simple homme, il s'est humilié lui-même, se rendant obéissant jusqu'à la mort, même jusqu'à la mort de la croix. » (Ph 2.8) C'est ce qu'on appelle l'obéissance active et passive de Christ. Son obéissance passive consiste à subir passivement le châtiment que nous méritions. Par l'obéissance passive de Christ, nous sommes sauvés de la condamnation. Son obéissance active consiste à obéir parfaitement à toute la loi afin de recevoir le statut de juste et les privilèges qui y sont rattachés. Par l'obéissance active de Christ, nous sommes déclarés justes et héritons de la vie éternelle. Voici comment la Confession de foi baptiste de Londres résume la doctrine de la justification :

> Ceux que Dieu a efficacement appelés, il les a aussi gratuitement justifiés, non en leur infusant la justice, mais en pardonnant leurs péchés, et en considérant et recevant leurs personnes comme justes, non en raison de quelque chose qui aurait

été fait en eux, ou qu'ils auraient fait, mais eu égard au Christ seul. Ce n'est pas en leur imputant la foi elle-même pour leur justification, ni leur acte de croire, ou quelque autre obéissance évangélique ce qui est imputé, c'est l'obéissance active du Christ à toute la loi, et son obéissance passive dans sa mort en vue de leur seule et entière justification par la foi, laquelle foi ils ne tiennent pas d'eux-mêmes : c'est le don de Dieu[16].

Pour nous aider à comprendre ce que signifie la justification par l'imputation de l'obéissance de Christ, voici deux illustrations : Un pasteur tentait d'expliquer à un jeune homme ce qu'est la justification. Il prit la main du jeune homme et lui dit : « Cette main c'est toi ». Puis il prit un gros livre noir et le mit dans sa main en disant : « Ceci est ton péché. La colère de Dieu est sur toi, car Dieu hait le péché. Ta condamnation est assurée. » Ensuite, il prit l'autre main du jeune homme et lui dit : « Cette main c'est Christ ». Finalement, il enleva le gros livre noir de sa main et le déposa sur la main qui représente Christ en lui expliquant que Christ a porté son péché et a été puni à sa place, de sorte qu'il n'y a plus de condamnation pour lui.

Voici la même illustration, mais cette fois elle tient compte de la double imputation. Le pasteur prit la main du jeune homme et lui dit : « Cette main c'est toi ». Puis il prit un gros livre noir et le mit dans sa main en disant : « Ceci est ton péché. La colère de Dieu est sur toi, car Dieu hait le péché. Ta condamnation est assurée. »

---

[16] *La Confession de foi baptiste de Londres de 1689*, 11.1.

Ensuite, il prit l'autre main du jeune homme et lui dit : « Cette main c'est Christ ». Puis il prit un gros livre blanc et le déposa dans la main représentant Christ en disant : « Ceci est la parfaite justice de Christ qui le rend agréable et juste aux yeux de Dieu ». Il prit le livre noir et le déposa sur la main représentant Christ et prit le livre blanc et le déposa sur la main représentant le jeune homme ; puis il lui lut 2 Corinthiens 5.21 : « Celui qui n'a point connu le péché, il l'a fait devenir péché pour nous, afin que nous devenions en lui justice de Dieu. » Ceci est la double imputation : nos péchés lui furent imputés tandis que sa justice nous fut imputée.

La justification c'est plus que le pardon de nos péchés, c'est l'imputation de la justice de Christ. C'est ce que Paul veut dire lorsqu'il affirme que Christ « a été fait pour nous sagesse, justice et sanctification et rédemption » (1 Co 1.30). Être justifié ne signifie pas que Dieu a aboli la justice de sa loi pour que nous puissions vivre impunément. La justice de la loi est dorénavant accomplie en nous qui croyons, de sorte que l'Écriture dit : « Ayant été affranchis du péché, vous êtes devenus esclaves de la justice. » (Rm 6.18) Un peu plus loin, elle continue : « Dieu a condamné le péché dans la chair, en envoyant, à cause du péché, son propre Fils dans une chair semblable à celle du péché, et cela afin que la justice de la loi fût accomplie en nous. » (Rm 8.3-4) Nous ne sommes pas simplement pardonnés, nous sommes justifiés, c'est-à-dire déclarés justes ; c'est pourquoi nous avons une justice qui « surpasse celle des scribes et des pharisiens » (Mt 5.20). Parce que Christ nous a donné sa justice, nous marchons avec la loi écrite dans nos cœurs par le Saint-Esprit de Dieu.

Une fois que Dieu nous impute gratuitement la justice de Christ, il peut, sans mentir, nous déclarer justes et nous accorder, en conséquence l'héritage de la vie éternelle. Nous n'avons pas besoin d'attendre le jugement final pour connaître le verdict de Dieu sur nos vies, déjà nous sommes justifiés. En Jésus-Christ, Dieu a été juste sans anéantir sa miséricorde et il a été miséricordieux sans anéantir sa justice. L'Évangile de Jésus-Christ est la seule réponse de Dieu à l'humanité. Ce n'est que dans l'Évangile où Dieu peut se montrer juste et miséricordieux à la fois. Il y a quelque temps, je parlais avec un musulman qui affirmait qu'Allah était miséricordieux ; je lui ai répondu « Il n'est donc pas juste? » Surpris, il rétorqua « Mais oui il est juste ». Je lui ai alors expliqué qu'il ne pouvait pas avoir les deux à la fois. Si Allah est miséricordieux et ne punit pas le péché, il commet une injustice. S'il est juste et qu'il condamne le péché, il n'est pas miséricordieux. L'Évangile est la seule solution au problème que crée le mal devant un Dieu juste et miséricordieux. Cette solution n'est pas un système philosophique sophistiqué conçu par l'imagination fertile des hommes, mais un événement historique réel, dans lequel Dieu a prouvé son amour (Rm 5.8) et sa justice (Rm 3.21, 26).

Lecture supplémentaire

Ésaïe 53.10-12

Chapitre 4
Sola fide, la foi

La Bible n'enseigne pas la justification par la foi! Elle enseigne la justification par la foi seule. Ce n'est pas suffisant de croire à la justification par la foi. Il faut croire à la justification par la foi seule! Cette compréhension, bien sûr, est celle qui fut enseignée par les réformateurs du 16e siècle. Cependant, la Bible supporte-t-elle vraiment la doctrine de la justification par la foi seule?

Dans le dernier chapitre, nous avons vu que « justifier » ne signifie pas « rendre juste », mais « déclarer juste ». Ensuite nous avons examiné sur quelle base la justification d'un pécheur peut s'opérer. Cette base est l'obéissance passive et active de Christ qui est imputée aux pécheurs. Maintenant que nous avons vu comment Dieu justifie des pécheurs tout en demeurant juste, il faut se demander qui sont les pécheurs que Dieu justifie. Justifie-t-il tous les pécheurs? Manifestement non! Dieu justifie uniquement les croyants. Le précédent chapitre nous a permis de voir la base objective de la justification, le présent chapitre devrait nous permettre de comprendre l'application subjective de la justification.

1. La foi et la justification

« L'homme est justifié par la foi, sans les œuvres de la loi » (Rm 3.28). Dieu ne déclare juste aucun homme sur la base de son obéissance ou de ses bonnes œuvres, mais Dieu déclare justes tous ceux qui croient en Jésus-Christ. La Bible est sans équivoque : « Car c'est par la grâce que vous êtes sauvés, par le moyen de la foi. Et cela ne vient pas de vous, c'est le don de Dieu. Ce n'est point par les œuvres, afin que personne ne se glorifie. » (Ep 2.8-9) Nous avons vu que Dieu peut nous déclarer justes parce qu'il nous impute l'obéissance de Jésus-Christ. Mais par quel moyen nous impute-t-il cette obéissance? Est-ce par les sacrements? Ou par notre propre obéissance? L'Écriture déclare que c'est uniquement par le moyen de la foi.

La foi comme moyen

L'Écriture ne présente pas la foi comme la cause ou la base de notre justification, mais uniquement comme le moyen. Ce n'est pas la foi elle-même qui nous rend justes aux yeux de Dieu, mais c'est le Christ. La foi est uniquement le moyen par lequel nous recevons Christ. Cette distinction est très importante. Certains voient la foi comme étant la cause de la justification : « Si je suis justifié, c'est parce que j'ai la foi. » Mais la doctrine *sola fide* présente la foi uniquement comme un instrument : « Si je suis justifié, c'est parce que Dieu m'a gratuitement imputé la justice de Christ par ma foi. » La base de notre justification ce n'est pas notre foi, c'est la justice de Christ ; la cause de notre salut ce n'est pas notre foi, c'est la grâce de Dieu.

Jamais l'Écriture ne dit que nous sommes justifiés « à cause de la foi ». Nous sommes justifiés « par le moyen de la foi (*dia pistéōs*) » (Rm 3.30), « à partir de la foi (*ek pistéōs*) » (Rm 3.26), « par la foi (*pistei*) » (Rm 3.28), mais jamais « sur la base de la foi (*dia pistin*) ». Henri Blocher écrit : « Ces données appuient la thèse des héritiers de la Réforme : la foi n'est la cause ni méritoire ni efficiente, mais instrumentale ; exactement, elle est organe d'appréhension (*leptikon*), la main vide qui saisit et reçoit[17] ».

Pourquoi la justification est-elle accordée par la foi? Laissons l'Écriture répondre à cette question : « C'est pourquoi les héritiers le sont par la foi, pour que ce soit par grâce » (Rm 4.16). La foi n'est pas simplement quelque chose de passif ; elle est quelque chose d'actif, elle est une action (1 Th 1.3 ; 2 Th 1.11) ; croire c'est faire quelque chose. Cependant, la foi est un acte non contributif, c'est-à-dire que la foi, bien qu'elle soit active, ne fait que recevoir. Ainsi, la justification n'est pas quelque chose que nous avons mérité, il s'agit de l'œuvre de Christ et c'est un don, une grâce, un cadeau de la part de Dieu. Pour que la justification demeure une grâce, il n'y a qu'un seul moyen compatible pour la recevoir : la foi. Ainsi, la foi exclut toute possibilité pour celui qui est justifié de se glorifier, il ne peut qu'être humble et reconnaissant. « Où donc est le sujet de se glorifier? Il est exclu. Par quelle loi? Par la loi des œuvres? Non, mais par

---

[17] Henri Blocher, *La doctrine du péché et de la rédemption*, Vaux-sur-Seine, Édifac, 2000, p. 289.

la loi de la foi. » (Rm 3.27) *Sola fide* est en parfaite harmonie avec *soli Deo gloria*.

L'objet de la foi

On présente parfois l'Évangile au moyen de quatre lois spirituelles. Ces lois sont énoncées de la façon suivante : 1) Dieu vous aime. 2) Vous êtes séparés de Dieu par votre péché. 3) Jésus-Christ est mort pour le péché. 4) Vous devez recevoir Christ personnellement. Avec cette synthèse de l'Évangile, nous avons développé la malheureuse tendance à mettre notre foi dans le plan du salut plutôt qu'en Jésus-Christ. Je m'explique ; nous avons parfois l'impression que pour être sauvé il faut comprendre et accepter le plan du salut. À mon sens, nous avons changé l'objet de la foi.

L'objet de la foi, ce qu'il faut croire pour être sauvé, n'est pas la justification par la foi seule. Autrement dit, croire que l'homme est sauvé par la foi seule ne sauve pas. L'objet de la foi, c'est Jésus-Christ. Seule la foi personnelle en Christ sauve. Lorsque Jésus dit à la femme qui avait une perte de sang ou à l'aveugle sur le chemin de Jéricho ou à la femme qui lui lava les pieds ou au lépreux revenu le remercier : « ta foi t'a sauvé », ceux-ci n'avaient probablement pas encore compris le plan du salut, mais ils croyaient en Jésus. Jean Calvin illustre ainsi la relation entre la foi et Christ : « De la même manière qu'un pot plein d'or enrichit celui l'a trouvé, la foi, bien qu'elle n'ait en elle-même ni dignité ni valeur, nous justifie en nous offrant Jésus-Christ[18]. » La foi nous justifie pour la même

---

[18] Jean Calvin, *Institution de la religion chrétienne*, III, XI, 7.

raison qu'un pot plein d'or nous enrichit : à cause de ce qui y est contenu et non à cause du contenant lui-même.

Le salut n'est pas une question de croire en l'orthodoxie, même si l'orthodoxie de certaines doctrines est essentielle au salut. Jacques dit : « Tu crois qu'il y a un seul Dieu, tu fais bien ; les démons le croient aussi, et ils tremblent. » (Jc 2.19). Croire que Jésus est le Sauveur du monde ne sauve pas, à moins de croire en lui. Je ne saurais mieux l'exprimer que l'ancien théologien de Princeton B.B. Warfield :

> La puissance salvatrice de la foi ne réside pas en elle-même, mais dans le Sauveur tout-puissant en qui elle se repose (…) Ce n'est pas la foi qui sauve, mais la foi en Jésus-Christ (…) Ce n'est même pas, strictement parlant, la foi en Christ qui sauve, mais Christ qui sauve par la foi. La puissance salvatrice de la foi réside exclusivement, non pas dans l'acte de la foi ou l'attitude de la foi ou la nature de la foi, mais dans l'objet de la foi[19].

2. Les œuvres et la justification

Il y a toujours eu une tendance chez l'homme à vouloir être justifié par ses œuvres. L'homme est radicalement orgueilleux et il est poussé à rejeter la grâce de Dieu pour faire valoir ses mérites. L'Écriture est sans équivoque : « Ce n'est point par les œuvres [que vous êtes sauvés], afin que personne ne se glorifie. » (Ep 2.9). Cependant l'Écriture, loin de condamner les œuvres, les exige...

---

[19] B.B. Warfield, *Biblical Doctrines*, Grand Rapids, Baker, 1932, p. 504.

Cette « ambivalence » fait en sorte que plusieurs chrétiens sont perplexes quant à la place des œuvres dans la vie du croyant, à tel point que légalisme et antinomisme cohabitent parmi les chrétiens. Pour éviter la confusion, tentons de définir la relation des œuvres avec la justification.

Une contradiction?

La Bible se contredit-elle? Paul affirme que Dieu nous justifie par la foi sans les œuvres. Il ajoute cependant que nous serons jugés par nos œuvres : « Il nous faut tous comparaître devant le tribunal de Christ, afin que chacun reçoive selon le bien ou le mal qu'il aura fait, étant dans son corps. » (2 Co 5.10) Comment réconcilier ces affirmations?

Jacques va plus loin, non seulement il déclare que l'homme est justifié par les œuvres, mais il affirme textuellement qu'il n'est pas justifié par la foi seule : « Vous voyez que l'homme est justifié par les œuvres, et non par la foi seulement. » (Jc 2.24) À ses yeux, une foi sans œuvres est morte. Devant ce problème, il y a trois possibilités. Nous pouvons soit pencher en faveur de Paul, soit pencher en faveur de Jacques ou soit réaliser qu'il n'y a aucune contradiction entre l'un et l'autre et voir l'harmonie entre la foi et les œuvres.

L'explication

Les réformateurs ont enseigné que l'obéissance[20] est nécessaire au salut, non pas cependant comme cause méritoire, mais comme conséquence notoire du salut. Autrement dit, la justification ne découle pas de l'obéissance du chrétien, mais l'obéissance du chrétien découle de sa justification. Il est impossible d'avoir la justification sans avoir aussi la sanctification (Hé 12.14), c'est-à-dire les œuvres. Jacques ne nie pas la justification par la foi seule, mais il s'oppose à certaines personnes qui enseignent une justification sans conversion. Jacques démontre que la vraie foi résulte toujours d'une conversion et se manifeste nécessairement par un changement de vie, c'est-à-dire par de bonnes œuvres.

La foi qui justifie contient trois éléments : *cognitio*, *assensus* et *fiducia*. Tout d'abord, pour croire il faut les données de la foi ou la connaissance (*cognitio*). On ne peut croire en Christ à moins d'entendre parler de lui (Rm 10.14-17). Entendre l'Évangile ne sauve pas cependant, il faut encore l'accepter. Le deuxième élément de la foi, *assensus*, signifie donner son assentiment. En entendant que Christ est le Fils de Dieu et le Sauveur du monde, on peut croire ou ne pas croire cette affirmation. Pour pouvoir être sauvé, il est absolument nécessaire de croire l'Évangile. Cependant, « croire » n'est pas suffisant pour être sauvé. Voici une illustration qui explique pourquoi. Je peux, à l'aide d'une carte routière, vous

---

[20] Lorsque nous parlons des bonnes œuvres du croyant, il est question de l'obéissance à Dieu. Pratiquer de bonnes œuvres, c'est faire la volonté de Dieu telle que révélée dans sa Parole.

démontrer que pour aller à Percé en Gaspésie, il faut nécessairement passer par la seule route qui y mène, la route 132. Cependant, cela ne vous mènera pas à Percé ; ce ne sont que des informations (*cognitio*). Il faut encore que vous reconnaissiez que ce que la carte montre correspond à la réalité géographique et que l'information qu'elle vous donne est fiable et véridique (*assensus*). Cependant, en donnant votre assentiment cela ne vous conduira pas à Percé, à moins que vous ne suiviez personnellement les indications de la carte. Il s'agit du troisième élément d'une vraie foi.

Le troisième élément est *fiducia* qui signifie « confiance » en latin. Il s'agit de l'étape où la foi devient une confiance personnelle en Christ. Une fiducie, c'est lorsque nous confions un bien ou des épargnes à un créancier pour qu'il le garde et l'administre à notre place. En anglais, le mot fiducie est *trust* (confiance). Nous devons confier notre vie entière à Christ : « Car celui qui voudra sauver sa vie la perdra, mais celui qui la perdra à cause de moi la trouvera. » (Mt 16.25). Croire que Jésus mène au ciel ne sauve pas à moins de suivre personnellement Jésus en lui confiant sa vie. Suivre Jésus, ce sont les œuvres dont parle Jacques, les œuvres qui viennent de la foi en lui. Cette « foi est agissante par la charité » (Ga 5.6). Les œuvres sont donc nécessaires pour démontrer la foi et prouver qu'il s'agit d'une foi véritable. « Mais quelqu'un dira : Toi, tu as la foi ; et moi, j'ai les œuvres. Montre-moi ta foi sans les œuvres, et moi, je te montrerai la foi par mes œuvres. » (Jc 2.18)

Récapitulons. Si quelqu'un dit qu'il croit sans avoir l'obéissance d'une vie nouvelle pour crédibiliser sa foi, sa foi est vaine et ne vient pas d'un cœur renouvelé. Si quelqu'un pratique des œuvres de justice et de bienfaisance, mais ne se confie pas en Christ pour être justifié, il sera condamné, car ses œuvres ne peuvent le justifier. La foi sans les œuvres est vaine et les œuvres sans la foi sont vaines également. Mais attention! Ce ne sont pas la foi plus les œuvres qui justifient. Nous sommes justifiés par la foi seule de laquelle découlent toujours des œuvres. Nous sommes justifiés par la foi seule, mais la foi qui justifie n'est jamais seule, car elle est toujours accompagnée d'œuvres :

> La foi qui reçoit le Christ et sa justice et s'en remet à lui est le seul moyen d'approprier la justification. Elle ne se trouve cependant pas seule dans la personne justifiée, mais s'accompagne de toutes les autres grâces salutaires. Ce n'est pas une foi morte, mais une foi qui œuvre par l'amour[21].

La Bible ne présente qu'un seul jugement final et il s'agit d'un jugement d'œuvres. Soyons assurés que les chrétiens régénérés n'auront à faire face à aucune condamnation dans ce jugement (Rm 8.1). Mais pourquoi serons-nous jugés si nous ne sommes plus condamnés? Parce que ce seront nos œuvres qui attesteront si nous sommes réellement justifiés par la foi. G. K. Beale écrit : « (…) ceux qui ont été justifiés par la foi en Christ auront néanmoins besoin de l'insigne des bonnes œuvres au temps de la résurrection finale et du jugement afin d'avoir droit d'entrer dans les nouveaux cieux et la nouvelle

---

[21] *La Confession de foi baptiste de Londres de 1689*, 11.2.

terre[22]. » Ceci me semble évident dans la parabole du jugement des nations de Matthieu 25. Commentant celle-ci, J. I. Packer écrit :

> [...] C'est le fait d'avoir ou non secouru les chrétiens dans la détresse qui servira de critère. Pourquoi cela? Ce n'est pas parce que, dans le premier cas, l'action aura été méritoire et, dans le second, condamnable, mais c'est parce que ces actions permettront de savoir s'il existait au fond du cœur de l'individu concerné l'amour de Christ, cet amour qui prend sa source dans la foi[23].

Christ déclare : « Ceux qui me disent : Seigneur, Seigneur! n'entreront pas tous dans le royaume des cieux, mais celui-là seul qui fait la volonté de mon Père qui est dans les cieux. » (Mt 7.21) Jésus n'enseigne pas la justification par les œuvres dans ce passage, mais le jugement par les œuvres. Les œuvres démontrent la véritable nature de notre « Seigneur, Seigneur! »

De la même façon qu'il y aura un degré de châtiment pour ceux qui seront condamnés (Mt 11.20ss ; Lc 12.47-48), il y aura aussi un degré de récompense pour ceux qui sont justifiés : « C'est pourquoi ne jugez de rien avant le temps, jusqu'à ce que vienne le Seigneur, qui mettra en lumière ce qui est caché dans les ténèbres, et qui manifestera les desseins des cœurs. Alors chacun recevra

---

[22] G. K. Beale, *A New Testament Biblical Theology : The Unfolding of the Old Testament in the New*, Grand Rapids, Baker Academic, 2011, p. 865.

[23] J. I. Packer, *Connaître Dieu*, Mulhouse Cedex, Éditions Grâce et vérité, 1994, p. 159.

de Dieu la louange qui lui sera due. » (1 Co 4.5) La justification par la grâce et par la foi ne signifie pas qu'il n'y aura pas d'évaluation finale. C'est pourquoi il importe de construire sa vie avec les bons matériaux (1 Co 3.12-15).

Réjouissons-nous de ce que la justification par la foi seule, tout en étant gratuite, nous rende responsables et nous incite à travailler à notre salut (Ph 2.12-13) et à affirmer notre élection (2 P 1.10). Il s'agit du plus grand cadeau qu'un homme puisse recevoir ; un cadeau qui vaut mieux que la vie elle-même, car il est écrit : « ta bonté vaut mieux que la vie » (Ps 63.4). Cependant, le fait que nous héritons gratuitement et définitivement de la vie éternelle ne nous mène pas vers une vie dissolue de laisser-aller, mais vers une vie de justice et d'œuvres bonnes. Et même si le ciel est gratuit et immérité, il y aura des récompenses.

Lecture supplémentaire -

Éphésiens 2.8-10

Chapitre 5

Sola gratia

Le troisième *sola* de la foi chrétienne, *sola gratia*, signifie par la grâce seule. La grâce occupa une place centrale dans la prédication des réformateurs. Ils la percevaient comme le cœur du plan de Dieu et la clé de toutes les doctrines qui se rattachent au salut. Pour examiner convenablement le sens de *sola gratia,* nous aurons besoin de plusieurs chapitres dans lesquels nous verrons la nature, la nécessité, l'efficacité et la suffisance de la grâce de Dieu.

Je dois dire qu'après ma conversion, peu d'enseignements bibliques ont autant transformé ma pensée et ma vie entière que l'ont fait les doctrines de la grâce. Mon âme ne goûte rien de plus suave que l'étendue et la profondeur de la grâce de Dieu. Cette grâce est encore plus magnifique lorsque nous saisissons combien misérables et mauvais sont les pécheurs. J'estime qu'il est d'une importance capitale d'exposer l'Évangile de la grâce parce qu'on ne pourra jamais trop en parler ; pour autant qu'on ne dénature pas cet Évangile avec une fausse grâce licencieuse. La grâce est au cœur du salut, on ne peut comprendre et vivre le salut sans comprendre et vivre la grâce de Dieu. Les croyants sont tombés dans beaucoup d'erreurs lorsqu'ils se sont éloignés de la grâce. N'allez surtout pas croire que vous êtes immunisés contre ce danger.

Voici deux raisons pour lesquelles il me semble que l'Église d'aujourd'hui est à risque de s'éloigner des doctrines de la grâce. Premièrement parce qu'il existe une grande confusion théologique en ce qui concerne la grâce de Dieu dans plusieurs milieux chrétiens. Cette confusion vient principalement du deuxième grand réveil (fin du 18ᵉ début du 19ᵉ siècle) duquel le mouvement évangélique est issu en grande partie. Ce réveil religieux fut grandement influencé par un prédicateur encore populaire aujourd'hui : Charles G. Finney. Ce dernier prêchait le perfectionnisme chrétien, le salut par les œuvres et il niait la doctrine de l'expiation de nos péchés par Jésus-Christ[24]. Finney était définitivement plus préoccupé par la morale chrétienne et la sanctification que par le salut par grâce et la justification. Depuis, une certaine confusion entourant la grâce demeure dans plusieurs milieux chrétiens évangéliques. Les croyants d'aujourd'hui ont hérité, d'un côté, de la théologie de la Réforme centrée sur la grâce de l'Évangile et ont hérité, de l'autre côté, du légalisme du deuxième grand réveil qui met l'accent sur l'homme pour actualiser le salut. De cette cohabitation hétérogène et hétérodoxe, résultent beaucoup de confusion et d'erreurs doctrinales.

---

[24] Voir la section intitulée « The Legacy of Charles Finney » par Michael S. Horton dans *After Darkness, Light* Phillipsburg, P&R, 2003, p. 116-128. Horton démontre, à partir des écrits de Finney, que ce dernier ne devrait pas être considéré comme orthodoxe par les chrétiens évangéliques.

Deuxièmement, cette confusion est venue pervertir la compréhension même de ce qu'est la grâce de Dieu. Pour beaucoup, la grâce signifie l'ouverture, l'acceptation, voire la complaisance. « Dieu ne juge personne », il accepte tous les hommes tels qu'ils sont et nous devrions en faire autant. Avec une telle compréhension de la grâce, nous perdons complètement l'Évangile de la croix, car la croix est un scandale gênant dont il faut se défaire. La croix montre la haine de Dieu contre le péché et appelle le pécheur à se repentir. La repentance, le péché, le jugement et l'enfer font de moins en moins partie de la prédication de l'Église contemporaine et la grâce est de moins en moins définie par rapport à ces réalités négatives. Celles-ci sont incompatibles avec « la grâce » d'un Dieu d'amour. Il faut moderniser le discours afin d'être inclusifs, positifs, accueillants, etc. Le problème est que cette approche repose sur une fausse compréhension de la grâce de Dieu qui n'est rien de moins qu'une perversion de l'Évangile. Je prie afin que le Seigneur me donne d'expliquer et de magnifier sa grâce dans ces pages, tel qu'il l'a révélée dans sa Parole et que les croyants délaisseront la fausse grâce de l'humanisme pour revenir à la vraie grâce de l'Évangile.

1. Le salut par la grâce

Le mot « grâce » est synonyme de « pardon ». Être sauvé consiste à être gracié, c'est-à-dire à ne pas être puni pour nos péchés. Ce pardon est nécessaire pour qu'un homme puisse éviter le jugement. Dieu seul a fait ce qu'il fallait pour gracier l'homme en envoyant son Fils dans le monde. Le verset le plus connu de l'Écriture sainte dit : « Car Dieu a tant aimé le monde qu'il a donné son Fils unique, afin que quiconque croit en lui ne périsse point, mais qu'il ait la vie éternelle. » (Jn 3.16) C'est par Jésus seul que Dieu pardonne aux pécheurs, car c'est lui qui a subi la peine que méritaient nos péchés. Ainsi, le salut est par grâce. La plupart des chrétiens s'entendent sur le fait que le pardon de Dieu est une grâce. Par contre, ils ne s'entendent pas sur la façon d'obtenir cette grâce ; ce qui nous mène à notre deuxième point.

2. La gratuité de la grâce

Vers la fin du 4ᵉ et au début du 5ᵉ siècle, il y eut un moine nommé Pélage. Celui-ci enseignait que l'homme peut parvenir à la sainteté par sa propre justice. Pélage fut officiellement condamné par l'Église chrétienne de l'époque, car son enseignement niait la doctrine du péché originel ainsi que la doctrine de la grâce de Dieu. Son principal opposant fut l'évêque d'Hippone, Augustin. Ce dernier enseignait, à partir des épîtres de Paul, que la chute d'Adam avait entraîné tous les hommes dans le péché et qu'ainsi la grâce de Dieu était absolument nécessaire au salut de l'homme.

Bien que le pélagianisme fût officiellement condamné, l'enseignement de Pélage eut beaucoup d'influence sur l'Église des siècles ultérieurs. L'Église du Moyen-âge devint semi-pélagienne ; c'est-à-dire qu'elle affirmait le péché originel et la nécessité de la grâce de Dieu, tout en enseignant que chaque chrétien devait et pouvait atteindre la sainteté par ses propres efforts combinés aux grâces dispensées par l'Église. Le salut demeurait un don de Dieu, mais l'homme devait néanmoins le gagner. Durant cette période, le salut devint l'industrie de l'homme et fut altéré au point d'être commercialisé.

Cette période sombre de l'Église a continué jusqu'au plus grand réveil de l'Église depuis la Pentecôte : la Réforme. Les réformateurs n'ont pas inventé un nouveau message qui allait révolutionner l'Église ; ils ont simplement prêché le vieil Évangile de la grâce de Dieu qu'ils avaient redécouvert dans les saintes Écritures : « *Sola gratia* » fut le cri de cette Réforme. Dieu ne vend pas sa grâce, il ne l'échange pas contre des œuvres de justice, de pénitence, de miséricorde ou de piété, mais il la donne à tous ceux qui se repentent de leurs péchés et qui croient en son Fils. Ce message a littéralement bouleversé l'Europe du 16e siècle et changé le cours de l'histoire. Être chrétien, c'est croire à la gratuité de la grâce de Dieu. D'ailleurs, une grâce qui n'est pas gratuite n'est plus une grâce : « Or, si c'est par grâce, ce n'est plus par les œuvres ; autrement la grâce n'est plus une grâce. Et si c'est par les œuvres, ce n'est plus une grâce ; autrement l'œuvre n'est plus une œuvre. » (Rm 11.6)

En étudiant la doctrine *sola fide,* nous avons vu que l'homme est justifié par le moyen de la foi. L'Écriture nous dit la raison pour laquelle la justification est par la foi : « C'est pourquoi les héritiers le sont par la foi, pour que ce soit par grâce » (Rm 4.16). Le seul moyen qui est compatible avec un salut par la grâce c'est un salut par la foi. La foi, bien qu'active, n'est pas contributive, mais réceptive. Par la foi, nous nous reposons en Christ et non en nous-mêmes ; nous nous confions dans la grâce de Dieu et non dans notre justice. *Sola fide* et *sola gratia* sont inséparables.

La gratuité de la grâce signifie que nous n'avons rien à faire pour obtenir la vie éternelle. La gratuité de la grâce signifie que notre salut est entièrement un don de la pure grâce de Dieu et que nous n'avons aucun mérite à faire valoir. Qui que nous soyons, nous sommes tous égaux vis-à-vis de la grâce du Seigneur. Aucun homme n'entrera au ciel par ses propres mérites, mais uniquement par la grâce de Dieu. La Bible dit : « Le salaire du péché, c'est la mort ; mais le don gratuit de Dieu, c'est la vie éternelle en Jésus-Christ notre Seigneur. » (Rm 6.23). Le texte original n'emploie pas le pléonasme « don gratuit », mais simplement le mot « *charisma* » qui signifie « don » ou « cadeau ». Par définition un cadeau est gratuit autrement ce n'est plus un cadeau.

Nous devons, pour préserver la pureté de l'Évangile, maintenir la gratuité de la grâce. N'essayons jamais d'obtenir la faveur de Dieu, son pardon, ses bénédictions, ses réponses à nos prières, son sourire autrement que par la foi en sa grâce. À cause du péché, nous avons cette tendance à vouloir mériter les bienfaits du Seigneur ou à nous en priver lorsque nous considérons que nous en sommes indignes. L'Écriture déclare : « Veillez à ce que nul ne se prive de la grâce de Dieu » (Hé 12.15). Il n'y a rien de noble ou d'humble à refuser la grâce de Dieu pour tenter de gagner sa faveur par nos mérites. Accepter sa grâce, c'est admettre notre culpabilité et reconnaître que sans la bonté imméritée de Dieu nous sommes perdus. Cette attitude noble et humble est celle qui glorifie le Seigneur. L'Écriture nous rappelle que « sans la foi il est impossible de lui être agréable ; car il faut que celui qui s'approche de Dieu croie que Dieu existe, et qu'il est le rémunérateur de ceux qui le cherchent. » (Hé 11.6). Nous ne devons croire qu'en Dieu seul et ne nous attendre qu'à sa bonté, sa miséricorde et sa grâce infinie. Celui qui croit cela et s'attend à Dieu de cette manière lui est agréable selon ce que dit ce verset.

3. La cause de la grâce

Mon troisième point a pour but de mettre en lumière le fait que le mot grâce ne contient pas seulement la gratuité du salut, mais également la cause du salut. Autrement dit, la grâce ne s'obtient pas par le libre arbitre de l'homme, mais par la grâce de Dieu. Voici quelques explications.

Vers la fin du 16e siècle et au début du 17e, il y eut un théologien néerlandais du nom de Jacob Arminius ; sa pensée influença beaucoup l'Église chrétienne. Ce théologien ne niait pas la doctrine du péché originel ni la doctrine de la grâce de Dieu. Par contre, il niait la doctrine de l'élection qu'il remplaçait par la doctrine du libre arbitre. Selon Arminius, ce n'est pas par la grâce de Dieu (la grâce de l'élection) qu'un homme obtient la grâce du salut, mais plutôt par une décision personnelle.

Que vous en semble? Dieu nous a-t-il fait grâce parce que nous avons cru ou avons-nous cru parce que Dieu nous a fait grâce? La foi est-elle la cause de la grâce ou la grâce est-elle la cause de la foi? *Sola gratia* signifie que la grâce de Dieu est à l'origine de la conversion d'un pécheur à Dieu. La grâce de Dieu a produit en nous la foi afin que nous obtenions grâce pour nos péchés. Ainsi, la cause de la grâce ce n'est pas la foi, mais c'est la grâce. La foi n'est jamais présentée comme étant la cause du salut, mais uniquement le moyen du salut. La cause unique du salut c'est la grâce de Dieu.

Voilà ce que nous pensons être le sens complet de l'expression « la grâce de Dieu ». Rien n'est plus précieux que cette grâce. Elle est absolument vitale et totalement gratuite. La grâce est l'expression de l'infinie bonté du Seigneur, elle est entièrement libre et entièrement bonne. La grâce a surabondé envers nous pécheurs par l'amour de Dieu. C'est grâce à cette grâce que nous croyons en Dieu et l'aimons. L'Épître aux Philippiens dit : « il vous a été fait la grâce, par rapport à Christ, non seulement de croire en lui, mais encore de souffrir pour lui » (Ph 1.29). Selon l'apôtre Paul, croire en Christ est quelque chose qui nous est accordé par la grâce de Dieu et non quelque chose que tous peuvent obtenir par leur libre arbitre. Cette grâce nous a été accordée bien avant le moment où nous avons commencé à penser à Dieu, bien avant le moment où nous avons même simplement commencé à penser. « Il nous a adressé une sainte vocation, non à cause de nos œuvres, mais selon son propre dessein, et selon la grâce qui nous a été donnée en Jésus-Christ avant les temps éternels. » (2 Tm 1.9)

Je crois que seule cette compréhension de la grâce respecte entièrement la nature de la grâce de Dieu telle qu'elle est révélée dans sa Parole. Dans les prochains chapitres, nous approfondirons cet enseignement qui a été introduit ici. Nous devrons examiner cinq éléments de la grâce divine : sa nécessité, son origine, sa portée, son efficacité et sa durée.

Lecture supplémentaire

Psaume 103.1-18

Chapitre 6

Sola gratia : la nécessité de la grâce

Dans le présent chapitre, nous verrons pourquoi la grâce, comme cause initiale et fondamentale du salut, est absolument nécessaire. En effet, la grâce englobe, en plus de la gratuité, la causalité et l'efficacité du salut. La condition pécheresse de l'homme lui rend la grâce absolument indispensable pour pouvoir même invoquer le nom du Seigneur. Il sera donc question de la doctrine du péché et de la dépravation totale de l'homme. Aujourd'hui, la notion du péché a disparu de la société, elle s'estompe même du discours des chrétiens. L'homme moderne ne se sent pas pécheur... mais le poisson non plus, immergé dans l'eau, ne se sent pas mouillé.

1. La controverse du libre arbitre

Une des plus importantes controverses de l'histoire du christianisme concerne le libre arbitre. Le libre arbitre signifie que l'arbitre de l'homme (sa capacité à faire le choix spirituel du souverain bien) est libre n'étant soumis ni à Dieu ni au diable, mais à l'homme seul. Ainsi, chacun a le pouvoir d'agir comme il veut en faisant le bien ou le mal. Mais la volonté de l'homme est-elle réellement libre?

L'homme serait-il capable de ne faire que le bien? Bien sûr la réponse est non ; l'Écriture déclare : « Non, il n'y a sur la terre point d'homme juste qui fasse le bien et qui ne pèche jamais. » (Ec 7.20) Si la volonté de l'homme est incapable de ne pas pécher, c'est qu'elle n'est pas entièrement libre. Si l'homme est incapable d'agir impeccablement, il est donc asservi à une puissance. « En vérité, en vérité, je vous le dis, leur répliqua Jésus, quiconque se livre au péché est esclave du péché. » (Jn 8.34)

Tous les chrétiens reconnaissent que l'homme est sous la puissance du péché. Cependant, ils ne s'entendent pas quant au degré d'asservissement de la volonté sous le péché. Ce débat a débuté il y a environ 1 600 ans et il demeure une controverse jusqu'à ce jour, même parmi les chrétiens évangéliques. À mon humble avis, il n'y aurait aucune controverse si nous soumettions nos raisonnements à la révélation divine, mais la raison naturelle refuse de se soumettre à Dieu, étant asservie au péché, la controverse est donc inévitable. Ainsi, ironiquement, les affranchis du Seigneur reconnaissent qu'ils ne sont pas libres, tandis que ceux qui sont encore liés croient qu'ils sont libres.

Il est bien évident que dans cet enseignement nous ne pourrons pas apprécier à sa juste valeur le débat historique concernant le libre arbitre. Revenons néanmoins à l'origine de ce débat. Pélage, ce moine du 5e siècle, avait pris à partie une prière d'Augustin qu'il avait entendu à la lecture de ses *Confessions*. Cette prière était : « Toute mon espérance n'est que dans l'étendue de votre miséricorde. Donnez ce que vous ordonnez et ordonnez ce que vous voulez (…) Vous m'ordonnez la continence ; donnez-moi ce que vous ordonnez, et ordonnez ce que vous voulez[25]. » Augustin considérait que, depuis la chute de l'homme, la grâce de Dieu avait été le seul espoir de restauration pour l'homme. Ainsi, à moins que Dieu ne lui donne ce qu'il lui ordonne, l'homme serait incapable de lui obéir, de l'aimer ou même de le choisir.

Pélage considérait que Dieu ne peut ordonner à l'homme quelque chose qu'il n'est pas en mesure d'offrir ; cela serait injuste. La théologie pélagienne se résumait ainsi : « Si je dois, je peux! » Pélage n'enseignait pas le salut par grâce, mais le moralisme, c'est-à-dire un salut par les œuvres. Il croyait que tout homme avait la capacité morale d'obéir à Dieu. Il déduisait cette conclusion du fait que tout homme doit obéir à Dieu : parce que l'homme a le devoir d'obéir à Dieu, il doit nécessairement en avoir la capacité. Cette conception n'était pas sans conséquence pour la doctrine de l'Évangile. Selon Pélage, Jésus n'était qu'un exemple à suivre, peut-être un aide dans le salut ; mais certainement pas un Sauveur.

Nonobstant la condamnation officielle du pélagianisme, l'Église catholique est devenue, et demeure semi-pélagienne. La théologie catholique, contrairement à Pélage, enseigne que l'homme est sous la puissance du péché, mais, en accord avec Pélage, elle enseigne qu'il n'est pas dominé au point d'être incapable de s'en sortir. Sur cette base doctrinale, le catholicisme a élaboré un système de rédemption qui se résume ainsi : « Aide-toi et

---

[25] Saint-Augustin, *Les confessions*, livre X, chapitre XXIX.

le ciel t'aidera! » L'influence de Pélage au sein de l'Église romaine a amené une attitude optimiste face aux capacités du pécheur considérant que celui-ci est partiellement dépravé et non totalement dépravé. Des nuances seraient utiles pour faire justice à la doctrine catholique, mais l'espace nous oblige à synthétiser.

La Réforme protestante fut un retour à la compréhension d'Augustin. Les réformateurs ont enseigné que l'homme était totalement captif du péché et ne pouvait rien par lui-même pour amorcer, maintenir ou accomplir son salut. Le salut est entièrement par grâce. Toutes les confessions de foi de la Réforme ont enseigné cette compréhension :

> Par sa chute dans un état de péché, l'homme a totalement perdu toute capacité de vouloir un quelconque bien spirituel en vue du salut ; de sorte que l'homme naturel est complètement opposé à ce bien et, puisqu'il est mort dans le péché, il est incapable par ses propres forces de se convertir, ou de s'y préparer[26].

Près d'une centaine d'années après le début de la Réforme, la controverse liée au libre arbitre refit surface parmi les protestants. Arminius, dont on a parlé au chapitre précédent, proposa une position *via media* entre le catholicisme et le protestantisme ou encore entre le pélagianisme et l'augustinisme. Il enseignait, en accord avec la Réforme, que l'homme ne peut pas mériter son salut en y contribuant par ses œuvres, le salut étant l'œuvre de Christ seulement. Par contre, en accord avec

---

[26] *La Confession de foi baptiste de Londres de 1689*, 9.3.

Rome, il enseignait que c'est l'homme qui amorce son salut en décidant par son libre arbitre de se convertir à Dieu et d'accepter l'Évangile. Ainsi, l'homme serait trop dépravé pour atteindre la justice, il serait néanmoins capable de choisir le bien suprême en revenant à Dieu. En partant de l'idée que l'homme n'est pas dépravé au point d'être incapable de décider de revenir à Dieu, Arminius et ses disciples développèrent une doctrine du salut différente de celle des réformateurs.

L'arminianisme fut soigneusement examiné par un synode réformé tenu à Dordrecht aux Pays-Bas en 1618-19 sur 154 séances. Les nombreux théologiens rejetèrent cet enseignement considérant qu'il compromettait la grâce de l'Évangile et la gloire de Dieu. Néanmoins, l'arminianisme fut repris et popularisé par des évangélistes tels que John Wesley et Charles Finney et devint l'une des compréhensions théologiques les plus répandues parmi les chrétiens évangéliques. Bon nombre d'entre nous croient et enseignent que la conversion est une décision personnelle de suivre Jésus-Christ. Des expressions telles qu'« accepter le Seigneur » ou « choisir de suivre Jésus-Christ » sont utilisées pour parler du salut comme étant amorcé par une décision personnelle, faisant ainsi du libre arbitre de l'homme la cause initiale du salut.

Maintenant que nous avons survolé la controverse du libre arbitre dans l'histoire, examinons les données bibliques. Voyons comment la Parole de Dieu définit un pécheur non-croyant.

2. La condition spirituelle de l'homme

Rien n'est plus triste que l'état spirituel de l'homme naturel après la chute. Jésus pleura devant l'endurcissement et la méchanceté du cœur humain... L'homme ne devient pas pécheur parce qu'il pèche, mais il pèche parce qu'il est pécheur. Le péché est héréditaire (Ps 51.7) et ce mal remonte à la chute d'Adam (Rm 5.12). Le péché a amené une séparation entre Dieu et l'homme. L'homme est méchant parce qu'il est séparé de Dieu et il est sous la puissance de la mort. La mort détruit les œuvres de Dieu : le mariage, la sexualité, la famille, la vie, le bien-être, la santé, la paix, la joie, la société, l'être humain. Ultimement, le pécheur est condamné à la seconde mort (Ap 21.8).

Nous voyons la laideur du péché autant dans des subtilités que dans des énormités. La méchanceté du cœur se manifeste par les pensées haineuses, orgueilleuses ou dédaigneuses qui surgissent à tout moment et nous envahissent. Aucun homme n'est libre de la méchanceté que son cœur conçoit. Le mal dont l'homme est capable est terrifiant. L'homme est capable de tuer ses propres enfants, ou de trahir ses plus intimes par pure avarice ou en recherchant son plaisir. L'homme commet des atrocités, seul ou en groupe, et se rend complice des exactions monstrueuses des autres en fermant ses yeux ou en croisant ses bras. Nous sommes tous salis par ce mal d'une manière ou d'une autre, car il existe une solidarité dans le péché qui nous rend collectivement responsables devant Dieu. « Nous sommes tous comme des impurs, Et toute notre justice est comme un vêtement souillé ; Nous sommes tous flétris comme une feuille, Et nos crimes nous emportent comme le vent. » (Es 64.6)

Alors que j'écris ces lignes, je viens de rencontrer en prison un homme incarcéré depuis plus de vingt-cinq ans. Il m'a parlé de deux enfants qu'il a tués, une fillette de six ans et son petit frère de trois ans. Il a d'abord agressé la fillette devant son frère puis il a jeté les deux enfants dans le fleuve Saint-Laurent où ils se sont noyés. Après cet acte monstrueux, sa conscience est venue l'accuser et depuis il porte la honte de son péché et il n'arrive pas à comprendre comment il a pu faire une telle chose. La gorge serrée et les larmes aux yeux je lui ai lu ce passage : « Le cœur est tortueux par-dessus tout, et il est méchant : Qui peut le connaître? » (Jr 17.9). Je lui ai ensuite parlé de la justice divine et de la mort de Christ pour nos horribles péchés, mais il fut incapable de saisir l'Évangile, d'y croire et d'être soulagé du poids de son péché : cet homme est mort spirituellement et il est incapable par lui-même de comprendre l'Évangile (1 Co 2.14).

L'Écriture ne nous dit pas que l'homme est spirituellement malade et sur le point de mourir. Si l'homme était simplement malade, il n'aurait besoin que de soins pour guérir. L'Écriture nous dit que l'homme est mort et qu'il a besoin d'une résurrection que seul Dieu peut lui accorder. Être mort spirituellement ne signifie pas que tous les hommes sont aussi méchants qu'ils peuvent l'être et qu'ils sont incapables de toute forme de « spiritualité » ou de faire quelque bonne action. La Bible décrit la mort spirituelle en ces termes :

> Vous étiez morts par vos offenses et par vos péchés, dans lesquels vous marchiez autrefois, selon le train de ce monde, selon le prince de la puissance de l'air, de l'esprit qui agit maintenant dans les fils de la rébellion. Nous tous aussi, nous étions de leur nombre, et nous vivions autrefois selon les convoitises de notre chair, accomplissant les volontés de la chair et de nos pensées, et nous étions par nature des enfants de colère, comme les autres. (Ep 2.1-3)

Les non-chrétiens ont aussi une moralité et une conscience ; par contre, ils sont morts. Être mort signifie être séparé de Dieu et être dans le camp du prince de ce monde. Cela se caractérise par la manière de vivre et de penser qui est emprisonnée sous l'empire du péché. « C'est du cœur que viennent les mauvaises pensées, les meurtres, les adultères, les impudicités, les vols, les faux témoignages, les calomnies. » (Mt 15.19) Les trois parties du cœur : l'entendement, l'affection et la volonté, sont infectées par le péché :

> Vous ne devez plus marcher comme les païens, qui marchent selon la vanité de leurs pensées. Ils ont l'intelligence obscurcie, ils sont étrangers à la vie de Dieu, à cause de l'ignorance qui est en eux, à cause de l'endurcissement de leur cœur. Ayant perdu tout sentiment, ils se sont livrés à la dissolution, pour commettre toute espèce d'impureté jointe à la cupidité. (Ep 4.17-19)

L'entendement, l'affection et la volonté sont endurcis, obscurcis, étrangers et impurs. L'homme ne raisonne pas bien ; il appelle le bien mal et le mal bien. L'homme moderne pense qu'il est bien d'avoir le choix de tuer un enfant dans le ventre de sa mère et qu'il est mal de ne pas avoir ce choix. Par hypocrisie, il méprise les peuples du passé comme de sanguinaires barbares, se pensant lui-même civilisé alors que ses mains sont tachées de sang innocent. Il en est ainsi parce que la raison déchue refuse de se soumettre à Dieu, elle revendique l'autonomie de son jugement et elle ne cesse de modifier ou de rejeter coupablement les données de la révélation (Rm 1.18).

L'affection de l'homme est aussi enchaînée au mal. « L'affection de la chair est inimitié contre Dieu, parce qu'elle ne se soumet pas à la loi de Dieu, et qu'elle ne le peut même pas. » (Rm 8.7) L'homme aime le péché, il aime ses convoitises, il préfère son plaisir à Dieu (2 Tm 3.4). Parfois il réalise qu'il aime la perversion, mais il n'y peut rien. Le cœur de l'homme est incapable d'aimer Dieu. Il aime les dieux qu'il se fabrique avec ses mains ou avec son intelligence et il les confond avec le vrai Dieu (Rm 1.22-25).

Finalement, la volonté de l'homme, elle aussi, est incapable de quelque bien spirituel et d'obéissance : « Il n'en est aucun qui fasse le bien, Pas même un seul. » (Rm 3.12) Cela signifie qu'il n'y a aucun bien que l'homme puisse faire qui soit entièrement pur, car tout ce qui sort de lui vient d'un cœur pécheur ; même en faisant le bien il commet aussi le mal. L'homme ne veut pas connaître Dieu et il ne cherche pas Dieu. « Ils ne se sont pas souciés de connaître Dieu » (Rm 1.28) ; « Nul ne cherche Dieu » (Rm 3.11), et ceux qui disent chercher Dieu et vouloir le connaître ne cherchent pas le vrai Dieu, mais un dieu à leur image, un dieu qui leur plaît.

Parce qu'il est mort, l'homme se trouve dans une totale incapacité pour voir la vérité. Ses pensées sont aveuglées de sorte qu'il ne peut comprendre l'Évangile et y croire. « L'homme animal [naturel] ne reçoit pas les choses de l'Esprit de Dieu, car elles sont une folie pour lui, et il ne peut les connaître, parce que c'est spirituellement qu'on en juge. » (1 Co 2.14) Certains pensent que le problème épistémologique est objectif, alors qu'en réalité il est radicalement subjectif. Autrement dit, si l'homme ne connaît pas la vérité ce n'est pas faute de lumière, mais c'est parce qu'il est aveugle. Le problème s'aggrave du fait que l'homme ne peut pas savoir qu'il est aveugle jusqu'à ce qu'il recouvre la vue et réalise son aveuglement comme l'écrit John Newton dans l'hymne *Amazing Grace* : « J'étais aveugle, mais maintenant je vois! »

L'homme ne peut pas se convertir de lui-même, et pourtant, il est coupable de ne pas se convertir. Les croyants de tendance arminienne font le raisonnement suivant : si l'homme doit se convertir, il peut le faire ; si l'homme est incapable de se convertir, il n'est pas coupable de ne pas le faire. Pourtant, aucun homme n'a la capacité de ne pas pécher, mais n'est pas moins coupable de son péché. Charles Spurgeon, celui qu'on surnomme le prince des prédicateurs, écrit :

> Que l'homme doive être capable de croire et de se repentir pour pouvoir être responsable de son incrédulité et de son impénitence est une conception philosophique qu'on ne retrouve nulle part dans l'Écriture ; en fait l'Écriture enseigne expressément le contraire, si la responsabilité devait être mesurée par la capacité,

alors cela signifierait que plus un homme est pécheur, moins il est coupable de son péché[27]!

Aucun homme ne peut éviter cette condition pécheresse ; même ceux qui naissent dans une famille chrétienne sont spirituellement morts. L'Écriture ne présente pas un libre arbitre, mais un esclavage spirituel : « vous étiez esclaves du péché » (Rm 6.20). L'esclavage est l'antithèse de la liberté. Laissé à lui-même, l'homme ne reviendra jamais à Dieu. C'est pourquoi la grâce du Seigneur est absolument nécessaire pour renverser la condition de l'homme et le libérer. Qui peut donc être sauvée? « Aux hommes cela est impossible, mais à Dieu tout est possible. » (Mt 19.26)

3. La nécessité de la grâce

Si nous ne considérons pas que l'homme soit mort et que nous pensions qu'il y a encore de l'espoir pour lui, il y a fort à parier que nous délaisserons la puissance de l'Évangile au profit de moyens qui « exciteront » les signes vitaux de l'homme pour qu'il puisse « accepter » Jésus. C'est généralement ce que font les Églises qui ne croient pas à la dépravation radicale de l'homme.

Si l'homme est bel et bien mort comme l'enseignent les Écritures, il n'y a que la régénération qui pourra le sauver. La nouvelle naissance arrive lorsque le Saint-Esprit ressuscite l'homme ; son intelligence est alors renouvelée et sa façon de voir le monde change parce que ses yeux s'ouvrent. C'est à partir de ce moment que l'homme croit,

---

[27] Iain Murray, *The Forgotten Spurgeon*, Carlisle, The Banner of Truth Trust, 1966, p. 62, note 25.

qu'il devient enfant de Dieu et que commence la vie éternelle. De quelle façon la régénération est-elle produite? « Vous avez été régénérés, non par une semence corruptible, mais par une semence incorruptible, par la parole vivante et permanente de Dieu. » (1 P 1.23) C'est la proclamation de la Parole qui seule peut régénérer des pécheurs.

Pourtant, une idée qui persiste parmi les chrétiens voulant qu'une Église attrayante sauve plus de pécheurs. Si une Église a de la bonne musique ou des effets audiovisuels, les gens viendront et deviendront des disciples. S'il y a des activités jeunesse intéressantes, les jeunes aimeront aller à l'Église. Si les prédicateurs sont captivants et savent toucher les gens, les pécheurs se convertiront. Les Églises qui n'adoptent pas cette approche sont perçues comme étant sclérosées et dépassées. Réalisons que ces raisonnements sont faux! Ce que nous avons besoin avant toute chose c'est du ministère de la Parole de Dieu. Si celle-ci n'est pas suffisante à elle seule pour faire l'œuvre de Dieu, rien ne fera! Puisque les hommes sont morts dans leurs péchés, ce qu'il faut ce n'est pas de les attirer, mais de les ressusciter et seule la Parole de Dieu peut le faire.

Penser qu'on puisse « attirer » un pécheur à l'Évangile est une erreur théologique. Cette erreur entraîne une confusion au niveau de l'*ordo salutis*, c'est-à-dire l'ordre dans lequel les différentes étapes du salut se succèdent. Beaucoup imaginent que la foi précède la régénération, alors qu'en réalité l'Écriture enseigne le contraire : la régénération précède et permet la foi. L'homme ne peut pas avoir une foi vivante s'il est mort, il ne peut avoir qu'une foi morte. Pour avoir une foi vivante, il doit naître de nouveau, « si un homme ne naît de nouveau, il ne peut voir le royaume de Dieu » (Jn 3.3). Jésus déclare qu'aucun homme n'est capable de venir à lui à moins qu'il ne naisse de nouveau : « C'est pourquoi je vous ai dit que nul ne peut venir à moi, si cela ne lui a été donné par le Père. » (Jn 6.65)

Un inconverti est quelqu'un qui est mort dans son péché, quelqu'un qui ne connaît pas Dieu et qui n'a « pas reçu l'amour de la vérité pour être sauvé » (2 Th 2.10). Il est impossible qu'un tel homme se tourne de lui-même vers Dieu, même si Dieu l'exige. Heureusement que dans sa grâce infinie, Dieu donne ce qu'il ordonne. Quand un pécheur se tourne vers Christ et reçoit le salut, c'est parce que Dieu lui a accordé la grâce de la régénération. La foi n'est pas la cause de la régénération, mais le fruit de celle-ci. Nous croyons parce qu'il nous a été fait la grâce de croire (Ph 1.29). Aucun effort de l'homme ni aucune volonté humaine ne peuvent causer la régénération, car il est écrit : « À tous ceux qui l'ont reçue, à ceux qui croient en son nom, elle a donné le pouvoir de devenir enfants de Dieu, lesquels sont nés, non du sang, ni de la volonté de la chair, ni de la volonté de l'homme, mais de Dieu. » (Jn 1.12-13). Ce n'est donc pas le libre arbitre (la volonté de l'homme) qui cause la régénération, mais la volonté de Dieu. « Je ferai miséricorde à qui je fais miséricorde, et j'aurai compassion de qui j'ai compassion. Ainsi donc, cela ne dépend ni de celui qui veut, ni de celui qui court, mais de Dieu qui fait miséricorde. » (Rm 9.15-16) « Le vent souffle où il veut, et tu en entends le bruit ; mais tu ne sais d'où il vient, ni où il va. Il en est ainsi de tout homme qui est né de l'Esprit. » (Jn 3.8) L'Esprit souffle sur qui il veut.

Notre conversion est uniquement le fruit de la bonté et de la grâce de Dieu ; à lui tout mérite! Nous étions ennemis du Seigneur, hostiles à son nom et ses voies. Nous étions incapables de l'aimer, de croire en lui et nous étions coupables ; mais le Seigneur a été riche en miséricorde, il a triomphé de nos cœurs rebelles en les convertissant par sa grâce et il nous a accordé la vie éternelle. Sans la grâce du Seigneur, nous étions perdus. À lui toutes les louanges!

Pour terminer, voici quelques mots de Charles Spurgeon qui nous montrent combien cette conception du péché et de la grâce doit influencer notre façon de faire :

> Les arminiens veulent exciter l'activité de l'homme ; tandis que nous voulons la tuer une fois pour toutes, afin de lui montrer qu'il est perdu et ruiné [...] Ils cherchent à amener l'homme à s'élever ; nous nous cherchons à l'abaisser [...] afin qu'il s'écrie, « Seigneur sauve, ou nous périssons! » Nous croyons que l'homme n'est jamais aussi proche de la grâce que lorsqu'il commence à comprendre qu'il ne peut rien faire. Lorsqu'il se dit, « Je peux prier, je peux croire, je peux faire ceci et cela », c'est alors qu'il se confie en lui-même et que l'arrogance est sur son front[28].

Lecture supplémentaire

Jean 8.34-51

---

[28] Ibid., p. 80.

Chapitre 7

Sola gratia : la cause de la grâce

Une fois que nous comprenons et acceptons la nécessité de la grâce en raison de la dépravation radicale de l'homme par le péché, les autres doctrines de la grâce vont de soi. Un pécheur a besoin de recevoir la repentance pour voir la vérité (2 Tm 2.25). Ceci soulève une question importante : pourquoi certains obtiennent-ils ce don et d'autres pas? Pourquoi avons-nous été régénérés, tandis que d'autres ne l'ont pas été? Il n'y a que deux possibilités : soit que la raison se trouve de notre côté, soit qu'elle se trouve du côté de Dieu. Voici la réponse donnée par les théologiens réunis à Dordrecht en 1618-19 afin d'examiner l'arminianisme :

> Quant à ce que Dieu donne en son temps la foi à certains et ne la donne point aux autres, cela procède de son décret éternel. *Car le Seigneur fait ces choses « connues de toute éternité »* (Ac 15.18) ; et : *Il opère tout selon la décision de sa volonté.* (Ep 1.11) Selon ce décret, Dieu amollit par grâce le cœur des élus, quelque durs qu'ils soient, et les fléchit à croire ; mais, par un juste jugement, il

laisse ceux qui ne sont point élus dans leur
méchanceté et leur dureté[29].

Dieu a choisi, avant la fondation du monde, les pécheurs
qu'il allait sauver. Nous avons été régénérés, lorsque nous
avons entendu l'Évangile, parce que Dieu nous avait
choisis d'avance. L'Écriture n'attribue pas au libre arbitre
le fait que certains croient et d'autres pas, mais à
l'élection. Paul dit aux Thessaloniciens : « Nous savons,
frères bien-aimés de Dieu, que vous avez été élus »
(1 Th 1.4). Comment Paul sait-il cela ? D'après le verset 5,
c'est parce qu'ils ont été régénérés par l'Évangile : « notre
Évangile ne vous ayant pas été prêché en paroles
seulement, mais avec puissance, avec l'Esprit Saint, et avec
une pleine persuasion » (v. 5). Notre conversion à Christ
est la preuve de notre élection. Jésus déclare : « Tous ceux
que le Père me donne viendront à moi » (Jn 6.37).

Le prédicateur britannique Charles Spurgeon disait avec
humour : « Heureusement que Dieu m'a choisi, car je ne
l'aurais jamais choisi ; et heureusement qu'il m'a choisi
avant que je ne sois né, car il ne m'aurait certainement pas
choisi après[30]. » Cette phrase résume bien les doctrines de
la grâce : la grâce est nécessaire, mais elle n'est pas due.
Quand nous comprenons cela, les doctrines de la grâce de
Dieu nous apportent beaucoup de réconfort.
Étonnement, la doctrine de l'élection est peu aimée et
même jamais prêchée dans plusieurs Églises. D'autres, qui
y croient, la traitent néanmoins comme un secret

---

[29] *Canons de Dordrecht*, article VI.

[30] Charles Spurgeon, *A Defense of Calvinism*, Pensacola, FL, Chapel Library,
p. 4.

embarrassant dont il est préférable de ne pas parler parce qu'elle est difficile, controversée et qu'elle leur paraît injuste. Beaucoup ont reproché aux réformés de mettre un accent démesuré sur l'élection, affirmant que l'Écriture en parle peu... À ces gens ne plaisent, l'Écriture parle fréquemment de la doctrine de l'élection, en termes non équivoques et sans jamais s'excuser. Voici quelques citations :

> Car il y a beaucoup d'appelés, mais peu d'élus. (Mt 22 :14)

> Ce n'est pas vous qui m'avez choisi ; mais moi, je vous ai choisis. (Jn 15 :16)

> En lui Dieu nous a élus avant la fondation du monde, pour que nous soyons saints et irrépréhensibles devant lui, nous ayant prédestinés dans son amour à être ses enfants d'adoption par Jésus-Christ, selon le bon plaisir de sa volonté. (Ep 1 :4-5)

> Vous, au contraire, vous êtes une race élue. (1 P 2 :9)

> Pour nous, frères bien-aimés du Seigneur, nous devons à votre sujet rendre continuellement grâces à Dieu, parce que Dieu vous a choisis dès le commencement pour le salut. (2 Th 2 :13)

> Et, si le Seigneur n'avait abrégé ces jours, personne ne serait sauvé ; mais il les a abrégés, à cause des élus qu'il a choisis. (Mc 13 :20)

> Tous ceux qui étaient destinés à la vie éternelle crurent. (Ac 13 :48)

> Ceux qu'il a prédestinés, il les a aussi appelés ; et
> ceux qu'il a appelés, il les a aussi justifiés ; et ceux
> qu'il a justifiés, il les a aussi glorifiés. (Rm 8 :30)

Il est malheureux que beaucoup de croyants rejettent ou ignorent l'enseignement biblique de la prédestination, puisqu'il s'agit de la cause originelle de leur salut. Pourquoi Dieu a-t-il envoyé son Fils à la croix mourir pour nous? Parce que Dieu nous avait choisis. Si Dieu n'avait choisi aucun homme, Christ ne serait pas mort à la croix. L'élection est la cause de la rédemption. La manifestation de la grâce de Dieu dans l'histoire a pour origine la grâce de Dieu dans l'éternité ; l'*historia salutis* est fondé sur le *pactum salutis*. Comment certains osent-ils arracher au salut son fondement et mépriser ainsi la grâce de Dieu? Notre salut individuel n'est pas le fruit d'une bonne fortune qui par hasard s'est rendue jusqu'à nous, mais il fut orchestré par le Dieu « qui opère toutes choses d'après le conseil de sa volonté » (Ep 1.11) et qui a tout mis en œuvre pour le salut de ses élus. Lorsque je m'arrête pour songer aux milliards d'événements que Dieu a contrôlés afin que je puisse exister et être sauvé ; je suis ébloui et mon cœur est immergé par l'amour de Dieu. La Confession de foi adoptée par les baptistes en 1689 dit : « Cette doctrine donnera donc à tous ceux qui obéissent sincèrement à l'Évangile matière à louange, respect et admiration pour Dieu, humilité, zèle et immense réconfort[31]. » Jésus ne nous dit-il pas : « réjouissez-vous de ce que vos noms sont écrits dans les cieux » (Lc 10.20)?

---

[31] *La Confession de foi baptiste de Londres de 1689*, 3.7.

Avez-vous déjà entendu parler de Pierre-Honoré Jaubert? Cet homme n'est pas un de mes ancêtres, mais la ligne de mon existence passa par la sienne. Pierre-Honoré Jaubert arriva en Nouvelle-France vers 1755, il engendra Didier Joubert, qui engendra Zéphérin Joubert, qui engendra Jacques-Charles Zéphérin Joubert qui engendra Janvier-Jacques Joubert, né le 3 janvier 1869. À l'âge de 13 ans, Janvier-Jacques Joubert livrait du lait dans la région de Montréal. Il fut le premier à livrer du lait dans des contenants de verre, une innovation qui lui apporta du succès et fit grossir sa clientèle ; il devint éventuellement le riche propriétaire de la principale laiterie de Montréal : J. J. Joubert limitée. Vers 1914 il ouvrit sa première laiterie, elle fut située sur la rue Saint-André à Montréal. Son entreprise, qu'il vendit en 1932, fut un succès sur toute la ligne.

Cent ans après la naissance de M. Janvier-Jacques Joubert, au mois d'août 1969, un des édifices de sa compagnie fut démoli sur la rue Saint-André. Le soir du 4 août 1969, mon père prenait William Turner avec lui sur sa moto pour aller à l'hippodrome de Montréal. Ils empruntèrent la rue Saint-André où un débris de démolition de l'édifice de l'ancienne compagnie J. J. Joubert se trouvait en pleine rue. Mon père heurta ces débris avec sa moto et termina sa course dans un poteau électrique. William Turner, âgé de 18 ans, mourut dans l'accident. Mon père demeura dans le coma pendant un mois ; son bras droit fut paralysé des suites de son accident. Plusieurs mois plus tard, il entreprit sa réadaptation en physiothérapie à l'Hôpital Notre-Dame où ma mère, qui venait de terminer son baccalauréat en physiothérapie, commençait à travailler.

C'est ainsi qu'ils se rencontrèrent et se marièrent éventuellement. Neuf années après ces événements, je naissais. Si Pierre-Honoré Jaubert n'avait immigré en Nouvelle-France 255 ans plus tôt, vous ne seriez probablement pas en train de lire ce livre. Mais l'Écriture nous dit que dans le livre de Dieu, les jours qui nous étaient destinés « étaient tous inscrits, avant qu'aucun n'existât » (Ps 139.16). Notre existence ne tient pas de la chance, mais de la souveraineté de Dieu qui a voulu et causé notre existence.

« Que tes pensées, ô Dieu, me semblent impénétrables! Que le nombre en est grand! Si je les compte, elles sont plus nombreuses que les grains de sable. Je m'éveille, et je suis encore avec toi. » (Ps 139.17-18) La prédestination est la source d'une grande assurance ; elle nous montre que notre existence a un sens puisque nous avons été voulus et aimés de Dieu et non pas « chanceux » d'exister. L'élection nous permet de nous reposer dans la main puissante et souveraine de Dieu, sachant « que toutes choses concourent au bien de ceux qui aiment Dieu, de ceux qui sont appelés selon son dessein. Car ceux qu'il a connus d'avance, il les a aussi prédestinés à être semblables à l'image de son Fils » (Rm 8.28-29). Admirons la sagesse insurpassable du dessein divin qui épouse naturellement le cours de la vie sans heurter la liberté des hommes ou la contingence naturelle.

Dans le reste du chapitre, je répondrai à trois questions. Premièrement, l'élection est-elle conditionnelle ou inconditionnelle? Deuxièmement, Dieu est-il injuste? Troisièmement, pourquoi évangéliser si tout est décidé d'avance?

1. L'élection est-elle conditionnelle ou inconditionnelle?

Arminius et ses disciples étaient forcés de reconnaître que la Bible parle de l'élection de pécheurs par Dieu. Les arminiens expliquaient que pour être choisi par Dieu, il fallait préalablement avoir rempli une condition : celle de décider de se repentir et de croire. Cependant, avec une élection conditionnelle il y a un problème : l'élection a eu lieu avant qu'aucun homme n'existe ; comment quelqu'un pouvait-il remplir quelque condition? Selon Arminius, Dieu a su d'avance qui allait se repentir et croire ; il a donc choisi ceux-là. Pour appuyer son explication, il recourait à la préface de la Première épître de Pierre « à ceux qui sont [...] élus selon la prescience de Dieu » (1 P 1.1-2).

L'élection conditionnelle est très problématique. Premièrement, elle renverse totalement l'enseignement de la Bible au sujet de l'élection. L'arminianisme enseigne que Dieu nous a élus parce que nous l'avons élu ; Dieu nous a aimés parce que nous l'avons aimé. Pourtant, l'Écriture dit expressément le contraire : « Pour nous, nous l'aimons, parce qu'il nous a aimés le premier. » (1 Jn 4.19) La cause de notre salut n'est pas notre amour pour Dieu, mais l'amour de Dieu pour nous. L'amour de Dieu pour nous remonte à notre élection avant la fondation du monde. Depuis que Dieu nous a choisis en Jésus-Christ, il nous aime d'un amour éternel qu'aucune créature ne saurait empêcher (Rm 8.38-39). Avant même que je commence à penser à Dieu, Dieu m'aimait. Notre amour pour lui n'est que le faible écho de son amour infini. Renverser l'amour de Dieu pour le rendre tributaire du nôtre et faire dépendre le décret divin d'une décision humaine, c'est altérer gravement l'Évangile et manifester un orgueil grossièrement présomptueux.

Deuxièmement, l'élection conditionnelle est impossible puisque nous étions morts dans nos péchés. Pour que l'élection soit conditionnelle, il faut nécessairement que la dépravation soit partielle afin que l'homme soit capable de choisir Dieu. Cependant, l'Écriture enseigne le contraire comme nous l'avons vu au chapitre précédent. La théologie d'Arminius repose sur un rationalisme et non sur la révélation ; elle tente d'expliquer le salut de manière à le rendre acceptable à la raison naturelle plutôt que d'amener la raison naturelle à se convertir à la Parole de Dieu.

Troisièmement, aucun passage de l'Écriture sainte n'enseigne que Dieu nous a élus parce qu'il a vu d'avance que nous allions croire en lui. L'expression « élus selon la prescience de Dieu » signifie tout simplement que Dieu a élu ceux qu'il a aimés d'avance. Le mot *prognōsis* traduit par « prescience » signifie « connaître d'avance » dans le sens de « aimer d'avance » et non simplement dans le sens de « savoir d'avance ».

L'élection conditionnelle est invalidée par une affirmation de Christ aux pharisiens. Il leur dit : « Mais vous ne croyez pas, parce que vous n'êtes pas de mes brebis. Mes brebis entendent ma voix ; je les connais, et elles me suivent. » (Jn 10.26-27) Remarquez que Christ ne dit pas : « Vous n'êtes pas mes brebis parce que vous ne croyez pas » comme Arminius le voudrait. Il dit exactement l'inverse : « Vous ne croyez pas, parce que vous n'êtes pas mes brebis. » Par contre, les brebis du Seigneur entendent sa voix et le suivent. Pourquoi avons-nous reconnu la voix du bon berger et l'avons-nous suivi lorsque l'Évangile nous a été prêché? Parce que nous étions ses brebis!

L'élection n'est donc pas conditionnelle, mais inconditionnelle. Dieu ne nous a pas élus parce que nous allions croire, mais nous avons cru parce que Dieu nous a élus. Voici une grande question : pourquoi Dieu m'a-t-il choisi plutôt qu'un autre? La Bible répond négativement à cette question en nous disant qu'il n'y a rien en nous qui a pu satisfaire le dévolu du Seigneur. Dieu ne nous a pas élus parce que nous l'aimions plus ou le haïssions moins que les autres. Dieu ne nous a pas élus parce que nous étions sages ou mieux disposés aux choses spirituelles... L'Écriture est claire : la raison de notre élection ne se trouve pas en nous, mais « Dieu a choisi les choses folles du monde pour confondre les sages ; Dieu a choisi les choses faibles du monde pour confondre les fortes ; et Dieu a choisi les choses viles du monde et celles qu'on méprise, celles qui ne sont point, pour réduire à néant celles qui sont, afin que nulle chair ne se glorifie devant Dieu. » (1 Co 1.27-29)

La raison se trouve du côté de Dieu qui nous a élus « selon le bon plaisir de sa volonté, à la louange de la gloire de sa grâce qu'il nous a accordée en son bien-aimé. » (Ep 1.5-6) Comment pourrions-nous nous glorifier? Comment pourrions-nous ne pas le glorifier? Dieu nous a retiré tout sujet de nous glorifier, il ne nous reste qu'à être reconnaissants. « Il les a choisis par sa seule pure grâce et son amour, sans qu'il n'y ait rien dans la créature comme condition ou cause qui le conduirait à ainsi faire[32]. » Ainsi Dieu a choisi des pécheurs, certains pires, d'autres meilleurs et il a abandonné des pécheurs, certains pires, d'autres meilleurs, mais aucun pécheur n'a mérité d'être élu. Dieu est-il injuste d'avoir agi ainsi?

2. Dieu est-il injuste?

Après avoir parlé de l'élection, Paul anticipe cette question : « Que dirons-nous donc? Y a-t-il en Dieu de l'injustice? » (Rm 9.14). Paul n'anticiperait pas cette question s'il croyait à une élection conditionnelle, c'est justement parce que l'élection est inconditionnelle et sélective que Paul demande si Dieu est injuste. Il pose cette question après avoir prouvé que l'élection est inconditionnelle :

> Il en fut ainsi de Rébecca, qui conçut du seul Isaac notre père ; car, quoique les enfants ne fussent pas encore nés et qu'ils n'eussent fait ni bien ni mal, -afin que le dessein d'élection de Dieu subsistât, sans dépendre des œuvres, et par la seule volonté de celui qui appelle, il fut dit à Rébecca : L'aîné sera assujetti au plus jeune ; selon qu'il est écrit : J'ai aimé Jacob Et j'ai haï Ésaü. (Rm 9.10-13)

Premièrement, il ne faut pas comprendre les verbes aimer et haïr comme s'ils désignaient des émotions. Il est question de l'amour « allianciel » de Dieu : Jacob a été

---

[32] *La Confession de foi baptiste de Londres de 1689*, 3.5.

choisi comme héritier de l'alliance de grâce, tandis qu'Ésaü a été exclu et est demeuré sous la colère divine par son péché. Ensuite nous devrions aller contre notre réflexe naturel en lisant ce texte. Nous avons tendance à prendre Ésaü en pitié en nous demandant pourquoi Dieu l'a détesté? Ce qui devrait nous étonner cependant, c'est le fait que Jacob ait été aimé et non pas qu'Ésaü ait été sous la colère de Dieu. Jacob est présenté comme un paresseux qui restait dans les tentes, tandis qu'Ésaü était un vaillant chasseur (Gn 25.27) ; Ésaü était l'aîné, il devait par son statut être préféré, de plus Jacob agit malhonnêtement pour usurper le droit d'aînesse et la bénédiction d'Ésaü. Cependant, rien de tout cela n'entra en ligne de compte « afin que le dessein d'élection de Dieu subsistât, sans dépendre des œuvres ». L'élection est inconditionnelle parce qu'elle est imméritée et « imméritable ».

Malgré cela, n'est-il pas injuste d'élire seulement certains hommes alors que Dieu aurait pu élire tous les hommes? Le problème n'est pas du côté de Dieu, mais du nôtre : nous voyons de mauvais œil que Dieu est bon. Aurait-il été juste de condamner tous les hommes? Bien sûr que oui, puisque tous sont coupables. Pourquoi Dieu n'a-t-il pas élu tous les hommes? Je l'ignore, ce qui est éblouissant cependant, c'est que Dieu n'a pas condamné tous les hommes. La condamnation d'un pécheur est normale ; l'élection d'un pécheur est inouïe. En enfer, l'homme n'a nul autre à blâmer que lui-même ; au ciel l'homme n'a nul autre à remercier que Dieu. En enfer on a ce qu'on mérite, au ciel on a ce qu'on ne mérite pas. On ne peut pas recourir à l'élection pour expliquer la perdition d'un pécheur en disant : « C'est parce qu'il n'était pas élu. » La perdition n'est pas causée par la non-élection, mais par le péché pour lequel l'homme est responsable.

Certains font parfois une caricature de l'élection en imaginant des pécheurs qui voudraient venir à Christ pour être sauvés, mais qui seraient repoussés parce qu'ils ne seraient pas élus. Soyons très clairs : tous ceux qui viennent à Christ pour leur salut sont sauvés ; s'ils viennent à Christ c'est parce qu'ils sont élus ; un pécheur non-élu ne veut pas venir à Christ. « Tous ceux que le Père me donne viendront à moi, et je ne mettrai pas dehors celui qui vient à moi. » (Jn 6.37) Ayez de l'assurance ; si vous êtes venus à Christ pour être sauvés, c'est parce que le Père vous a donnés à lui. N'essayez pas d'examiner les décrets éternels pour savoir si vous avez été élus afin de pouvoir venir à Christ ; venez tout simplement à Christ en vous repentant de vos péchés et croyez sa Parole qui déclare : « Je ne mettrai pas dehors celui qui vient à moi ».

Mais l'Écriture ne dit-elle pas que Dieu endurcit le cœur des non-élus? « Ainsi, il fait miséricorde à qui il veut, et il endurcit qui il veut. » (Rm 9.18) La même épître nous dit cependant comment Dieu s'y prend pour endurcir un cœur. Cela ne lui demande pas beaucoup de travail, il n'a qu'à laisser l'homme faire : « Comme ils ne se sont pas souciés de connaître Dieu, Dieu les a livrés à leur sens réprouvé [...] » (Rm 1.28). Privé de la grâce, le cœur s'endurcit. Imaginez un homme qui tient son petit caniche en laisse, le petit chien voit un doberman qui fait cinq fois sa taille. Au lieu de craindre le danger, le caniche se met à aboyer et à grogner contre doberman sans comprendre que s'il n'était retenu et protégé par son maître, l'autre chien ne ferait de lui qu'une bouché. Le maître qui relâche la laisse et qui abandonne le caniche à sa folie, c'est Dieu qui endurcit le cœur du pécheur et cesse de le retenir. Il faut comprendre Romains 9.18 à la lumière de Romains 1.28. Dieu n'endurcit pas activement le cœur de l'homme, mais il le laisse simplement aller à sa rébellion naturelle.

Dieu n'est pas tenu d'être miséricordieux et il n'est pas coupable de l'endurcissement de l'homme puisque l'homme s'endurcit lui-même lorsque Dieu le livre à sa propre nature.

> Et que dire, si Dieu, voulant montrer sa colère et faire connaître sa puissance, a supporté avec une grande patience des vases de colère formés pour la perdition, et s'il a voulu faire connaître la richesse de sa gloire envers des vases de miséricorde qu'il a d'avance préparés pour la gloire? (Rm 9.22-23)

3. Pourquoi évangéliser si tout est décidé d'avance?

Nous lisons dans la Confession baptiste : « Ces hommes, ainsi prédestinés ou pré-ordonnés, sont spécifiquement et immuablement désignés. Leur nombre est si certain et défini qu'il ne peut être augmenté ni diminué[33]. » À quoi bon évangéliser? Ceux qui ont à être sauvés le seront de toute façon et il n'y a rien à faire pour les autres! Tous ceux qui se moquent de la doctrine de l'élection utilisent cet argument. Par exemple, voici un extrait d'un sermon

---

[33] *La Confession de foi baptiste de Londres de 1689*, 3.4.

de John Wesley où il imagine un prédicateur calviniste s'adressant au diable :

> Espèce d'idiot, pourquoi perds-tu ton temps à rugir? Tes mensonges pour séduire des âmes sont aussi inutiles et futiles que ne l'est notre prédication. N'as-tu pas entendu que Dieu a entrepris ton travail et qu'il le fait plus efficacement? Toi avec tous tes acolytes et vos pouvoirs, vous pouvez seulement nous assaillir de manière à ce qu'on puisse quand même vous résister ; tandis que Lui, Il peut détruire irrésistiblement le corps et l'âme en enfer! Tu peux seulement séduire ; mais son décret inchangeable d'abandonner des milliers d'âmes dans la mort les contraint à continuer dans le péché jusqu'à ce qu'ils tombent dans le feu éternel. Tu tentes, mais lui nous force à être damnés, puisque nous ne pouvons pas résister à sa volonté. Espèce d'idiot, pourquoi chercher encore qui tu pourras dévorer? N'entends-tu pas que Dieu est le lion rugissant, qui détruit les âmes et assassine les hommes[34]?

Nous croyons que Dieu est souverain sur absolument tout, non pas parce que notre raison a déduit que ceci était plus logique, mais parce que toute l'Écriture enseigne cette doctrine. Cependant, la souveraineté de Dieu n'annule pas la responsabilité humaine d'après la Bible. Il y a une harmonie parfaite entre la souveraineté divine et la responsabilité humaine. Jésus a été « livré selon le dessein

---

[34] Cité par Arnorld Dallimore, dans *George Whitefield*, vol. 1, Carlisle, The Banner of Truth Trust, 1970, p. 312.

arrêté et selon la prescience de Dieu » (Ac 2.23), pourtant Pierre tient le peuple responsable parce qu'il a agi volontairement selon son cœur mauvais bien que Dieu l'avait décrété. C'est pourquoi il ajoute dans la même phrase : « vous l'avez crucifié, vous l'avez fait mourir par la main des impies » et les appelle à la repentance.

Dieu a décrété toute chose, mais nous devons néanmoins prier ; le salut est par grâce sans les œuvres, mais nous devons néanmoins marcher dans la sanctification et pratiquer de bonnes œuvres ; Dieu a fixé le jour et l'heure du retour de Christ, mais nous devons néanmoins hâter son avènement. Dieu a choisi d'avance ceux qu'il sauverait, mais il a donné la responsabilité aux croyants d'annoncer son Évangile, de prier et de mener une vie sainte afin que par ces moyens ses élus viennent à la foi. C'est ce que Paul veut dire lorsqu'il écrit : « C'est pourquoi je supporte tout à cause des élus, afin qu'eux aussi obtiennent le salut qui est en Jésus-Christ, avec la gloire éternelle. » (2 Tm 2.10). Nous devons supporter l'opposition et la discipline de la vie chrétienne pour nos frères rachetés par Christ, qui n'ont pas encore été appelés, car :

> Comment donc invoqueront-ils celui en qui ils n'ont pas cru? Et comment croiront-ils en celui dont ils n'ont pas entendu parler? Et comment en entendront-ils parler, s'il n'y a personne qui prêche? Et comment y aura-t-il des prédicateurs, s'ils ne sont pas envoyés? selon qu'il est écrit : Qu'ils sont beaux Les pieds de ceux qui annoncent la paix, De ceux qui annoncent de bonnes nouvelles! (Rm 10.14-15)

Comme nous ne savons pas qui est élu et qui ne l'est pas parmi les non-croyants, nous avons le devoir de considérer tous les hommes comme étant possiblement élus et nous devons tout faire en vue de leur salut, sachant que Dieu utilisera certainement et efficacement nos efforts pour sauver des pécheurs comme il l'a toujours fait. L'appel à croire en Jésus-Christ s'adresse à tous les hommes ; c'est un appel universel qui ne s'adresse pas uniquement aux élus. L'appel sera efficace seulement pour les élus, mais tous sont appelés (Mt 22.14). Lorsque l'Église annonce à tous les hommes qu'ils doivent se repentir et s'incliner devant le Roi des rois, elle fait fidèlement son travail ; le reste appartient à Dieu (Ac 17.30-34). Soyons pleins de confiance en Dieu, car sa Parole ne peut jamais faire défaut (2 Co 2.14-17).

Ajoutons en terminant que la doctrine de l'élection, lorsqu'elle est bien comprise, loin de décourager les efforts missionnaires suscite un zèle et une assurance pour la mission et l'évangélisation. Calvin avait une vision missionnaire très développée et la théologie qu'il nous a léguée a toujours été de pair avec la mission[35].

Quelques noms de prédicateurs calvinistes bien connus suffisent pour démontrer l'orientation missionnaire de cette théologie : David Brainerd, Jonathan Edwards, George Whitfield, William Carrey, Charles Spurgeon,

---

[35] Calvin et ses associés formèrent des pasteurs, envoyèrent des missionnaires et cherchèrent à amener la foi chrétienne au bout du monde. Michael Haykin et Jeffrey Robinson ont consacré un ouvrage publié en 2014 sur l'héritage missionnaire de Calvin dans lequel ils réfutent l'idée qu'un missionnaire calviniste est un oxymore : *To the Ends of the Earth, Calvin's Missional Vision and Legacy*, Wheaton, Crossway, 2014, 134 p.

David Livingstone, Adoniram Judson, Martyn Lloyd-Jones, John Stott, Francis Schaeffer, John Piper. De ces hommes, on ne peut douter ni de leurs convictions réformées ni de leur amour pour les âmes perdues. La conviction que l'homme est totalement perdu sans la grâce de Dieu et l'assurance que Dieu a un peuple à appeler nous pousseront à annoncer l'Évangile à tout homme et à soutenir les efforts missionnaires de l'Église.

Lecture supplémentaire

Éphésiens 1.3-14

Chapitre 8

Sola gratia : la portée de la grâce

Nous avons vu que l'homme ne se convertit que par la grâce de Dieu. Les pécheurs qui se convertissent ont été choisis par Dieu avant la fondation du monde. Cependant, l'élection à elle seule ne sauve pas, car les élus doivent encore être rachetés. Il s'agit de l'objectif de l'élection : « Dieu nous a élus avant la fondation du monde, *pour que nous soyons saints et irrépréhensibles devant lui* » (Ep 1.4). Comment allions-nous devenir saints? Par notre rédemption en Jésus-Christ : « Dieu ne nous a pas destinés à la colère, mais à l'acquisition du salut par notre Seigneur Jésus-Christ. » (1 Th 5.9). Jésus est venu racheter les hommes que son Père voulait rendre saints. Examinons maintenant la doctrine de la rédemption particulière.

1. L'expiation définie

Il est tragique de constater que tous les êtres humains ne seront pas sauvés à la fin. Jésus nous dit que les impies « iront au châtiment éternel, mais les justes à la vie éternelle » (Mt 25.46). Ceux qui vont au châtiment éternel ne bénéficieront pas de la mort de Christ. Tous ceux qui reconnaissent l'autorité des saintes Écritures devraient être d'accord pour dire qu'ultimement, seuls ceux qui iront à la vie éternelle bénéficieront de la mort de Christ. Il y a donc deux façons d'envisager cette réalité. Ou bien la mort de Christ est limitée dans son efficacité, ou bien elle est limitée dans sa portée. Permettez-moi d'expliciter ces deux conceptions.

Pourquoi tous les hommes ne sont-ils pas sauvés par la mort du Christ? Soit que sa mort à elle seule ne peut sauver qui que ce soit avant que l'homme n'y ajoute sa foi pour la rendre efficace. Soit que sa mort n'a pas expié les péchés de tous les hommes, mais seulement ceux des élus. L'expiation est-elle limitée dans son efficacité ou dans sa portée? L'arminianisme croit que l'expiation est limitée dans son efficacité : la mort de Christ à elle seule ne sauve personne puisque Christ est mort pour tous et que tous ne sont pas sauvés. De l'autre côté, les tenants du calvinisme affirment que l'expiation est limitée dans sa portée : Christ est mort efficacement pour ses élus, c'est pourquoi eux seuls bénéficient de sa mort. Ce chapitre expliquera deux aspects fondamentaux de l'expiation : sa portée et son efficacité. Nous verrons que l'expiation est définie dans sa portée et infaillible dans son efficacité.

La portée de l'expiation

La rédemption particulière signifie que Christ n'a pas opéré le salut pour tous les hommes, mais uniquement pour le peuple que Dieu lui a donné avant la fondation du monde. Voici quelques extraits du chapitre 8, intitulé *Le Christ médiateur*, dans la *Confession de foi baptiste de Londres de 1689* :

Il lui a donné de toute éternité un peuple qui soit sa postérité, et qu'Il rachètera en temps voulu, l'appelant, le justifiant, le sanctifiant, et le glorifiant. (paragraphe 1)

Bien que le prix de la rédemption n'ait en fait été payé par le Christ qu'après l'incarnation, les avantages, l'efficace et les bienfaits qui en découlent ont été successivement communiqués aux élus de tous les temps, dès le commencement du monde. (paragraphe 6)

Christ applique et communique certainement et efficacement la rédemption éternelle à tous ceux pour qui il l'a acquise. (paragraphe 8)

La première fois que j'ai entendu dire que Christ n'était pas mort pour tous les hommes, j'ai cru que cela était impossible. Après avoir examiné soigneusement la question, j'ai conclu qu'il était impossible qu'il soit mort pour tous les hommes si tous ne sont pas sauvés. Voici un raisonnement qui fut proposé par le théologien John Owen[36]. Pour être sauvé, il faut impérativement que Christ ait expié tous nos péchés. S'il devait y avoir ne serait-ce qu'un péché non expié ; nous serions condamnés pour ce péché. Christ a donc expié tous les péchés de tous ceux qui sont sauvés. Maintenant, si Christ a expié tous les péchés de tous les hommes, pourquoi y a-t-il encore

---

[36] John Owen est considéré par plusieurs, et avec raison, comme étant le plus important théologien anglais de l'histoire. On retrouve l'argument présenté ici dans *The Death of Death in the Death of Christ*, Works, Vol. X, p. 173, 4. Ce livre est également disponible en français sous le titre : *La vie par sa mort*, Éditions Cruciforme, Montréal, 2014, 114 p.

des hommes qui sont condamnés? Si tous les péchés de tous les hommes sont expiés, tous les hommes sont donc sauvés. Par contre, l'Écriture nous dit que tous les hommes ne sont pas sauvés. Si Christ est mort pour tous les hommes et que tous les hommes ne sont pas sauvés, Dieu est injuste en condamnant des pécheurs pour lesquels il a condamné Christ.

Ceux qui ne croient pas à la rédemption particulière expliquent cette difficulté en limitant l'efficacité de l'expiation. Christ est mort pour tous les hommes, disent-ils, mais ceux qui ne croient pas ne bénéficient pas de sa mort. Ainsi, Christ est mort pour tous, mais tous n'en bénéficient pas. Owen rétorque à cet argument : ne pas croire en Christ est-il un péché? Si oui, pourquoi Dieu condamne-t-il les incrédules puisque Christ est aussi mort pour le péché d'incrédulité? Si ce n'est pas un péché, pourquoi Dieu les condamne-t-il? Pour conserver l'expiation universelle à tout prix, certains tombent dans l'expiation partielle : Christ a expié tous les péchés de tous les hommes sauf le péché d'incrédulité. Ainsi, tous les hommes peuvent être sauvés s'ils ne sont pas incrédules. Le problème, c'est que beaucoup de croyants ont été incrédules et ont rejeté Christ avant de croire. Comment ont-ils pu être pardonnés pour ce péché si Christ ne l'a pas expié? Si Christ a expié l'incrédulité de ceux qui se repentent et qu'il n'a pas expié l'incrédulité des autres, faut-il conclure que l'expiation, en plus d'être partielle, n'est plus tout à fait universelle?

De plus, cela signifierait que notre rédemption ne vient pas directement du fait que Christ est mort pour nous, puisqu'il est mort pour tous et que tous ne sont pas sauvés, mais du fait que nous n'avons pas été incrédules contrairement aux autres. Nous aurions ainsi sujet de nous glorifier. Cette position pose un autre problème : comment aurions-nous pu croire en Christ pour que sa mort devienne effective, alors que nous étions morts dans nos péchés ? L'expiation universelle, à mon humble avis, est impossible à maintenir à moins de faire des acrobaties intellectuelles douteuses. La vérité biblique est beaucoup plus simple, si l'on veut bien l'accepter. Tous ne sont pas sauvés parce que Christ n'a pas racheté tous les hommes, mais uniquement les siens.

L'efficacité de l'expiation

Le point le plus important de cet enseignement est celui-ci : *si l'expiation est efficace et que tous les hommes ne sont pas sauvés, c'est parce que l'expiation est nécessairement définie.* Qu'est-ce que la mort de Jésus-Christ a accompli ? Sa mort a-t-elle rendu les pécheurs rachetables ou a-t-elle racheté des pécheurs ? Christ a-t-il potentiellement expié des péchés ou a-t-il actuellement expié des péchés ? Quels furent les effets de l'œuvre de Jésus-Christ à la croix ? D'après Arminius, la mort de Christ n'a sauvé personne, mais elle a rendu possible le salut de tout homme ; elle a rendu l'homme rachetable. Ce salut devient effectif lorsque l'homme croit. Ainsi, Dieu fournirait le sacrifice et l'homme la foi. Les théologiens réunis à Dordrecht pour examiner cette doctrine ont affirmé que la mort de Christ a tout accompli à elle seule. Non seulement sa mort a-t-elle obtenu la rémission des péchés, mais elle a également obtenu le moyen par lequel les élus reçoivent cette rémission, c'est-à-dire la foi. Nous avons déjà vu que la foi est un don de Dieu. Dieu accorde ce don à ceux pour qui Christ l'a payé au Calvaire.

« Car c'est par la grâce que vous êtes sauvés, par le moyen de la foi. Et cela ne vient pas de vous, c'est le don de Dieu. » (Ep 2.8) Qu'est-ce qui est un don de Dieu, la grâce, la foi ou le fait d'être sauvé? Voici comment O. Palmer Robertson analyse ce passage :

> Les mots « grâce » et « foi » sont tous deux féminins, alors que le participe « vous êtes sauvés » est masculin. Mais le pronom « cela » qui est « le don de Dieu » est neutre, ce qui signifie qu'il ne peut pas se référer spécifiquement à la « grâce », à la « foi », ou au « salut ». Si « cela » se réfère soit à la « grâce », à la « foi », ou au « salut », il faut alors conclure qu'au moins une de ces choses n'est pas incluse dans le don de Dieu. Mais « cela » inclut tous ces éléments. La « grâce », la « foi », et le « salut » sont « le don de Dieu ». Notre salut fut accompli par la mort de Christ, et notre foi fut acquise avec son sang[37].

Nous croyons donc que la mort de Christ a entièrement et efficacement accompli le salut de tous ceux pour lesquels il est mort. Christ n'a pas fourni le sacrifice et nous la foi ; mais le don de Dieu inclut la foi qui fut acquise par le sacrifice de Christ. Rien ne peut être ajouté au sacrifice du Sauveur. En expirant, Jésus dit : « Tout est accompli ». Son sacrifice est complet, suffisant et définitif. Il garantit à lui seul le salut de tous ceux qui sont sauvés.

---

[37] O. Palmer Robertson, « Definite Atonement », *After Darkness, Light*, Philipsburg, P&R, 2003, p. 109.

Le salut ne fut pas rendu possible, mais il fut accompli, une fois accompli, il ne restait qu'à l'appliquer.

La mort de Jésus produit quelque chose d'actuel et non de potentiel : elle rachète, elle rend Dieu propice, elle accomplit la propitiation. Jésus a-t-il racheté efficacement tous les hommes? A-t-il apaisé la colère de Dieu pour chaque individu dans le monde? S'il avait racheté tous les hommes, tous les hommes lui appartiendraient. Imaginez que vous avez une grosse dette à la banque. Par testament, votre père paie en entier votre dette avec sa fortune. La banque pourrait-elle ne pas annuler votre dette? Impossible! Une dette ne peut être payée légalement qu'une fois. Christ pourrait-il avoir racheté des hommes pour que finalement ceux-ci ne lui appartiennent pas? Cela est radicalement impossible! Sinon cela voudrait dire que la mort de Christ est sans effet intrinsèque ; une telle doctrine est contraire à la Bible qui enseigne que la mort de Jésus est efficace.

Voyez-vous maintenant comment l'arminianisme conçoit la mort de Christ? D'après cette conception, Christ n'a racheté aucun homme, mais il a simplement rendu l'homme rachetable. Ainsi, la mort de Christ pour tous aurait pu ne sauver personne. En fait, d'après la conception arminienne, la mort de Christ ne sauve personne puisque nous nous sauverions nous-mêmes grâce à notre foi. Le sacrilège de l'arminianisme consiste à altérer la nature de l'expiation en lui enlevant son efficacité. Je comprends que l'on puisse trouver noble le motif qui consiste à étendre l'expiation des péchés à tous les hommes, mais aucun motif qui redéfinit l'Évangile et fausse les données bibliques ne peut être noble. La Parole de Dieu enseigne clairement que Christ est mort efficacement pour les élus.

2. L'expiation définie dans la Bible

Regardons quelques affirmations explicites de la Bible concernant l'expiation définie. L'Évangile de Matthieu commence avec la bonne nouvelle qu'un ange annonce à Joseph : « elle [Marie] enfantera un fils, et tu lui donneras le nom de Jésus ; c'est lui qui sauvera son peuple de ses péchés. » (Mt 1.21). Dans ce verset, l'expiation est envisagée comme définie et efficace et non comme générale et potentielle. Deuxième exemple : il est intéressant de constater que les trois évangiles qui rapportent l'institution du Repas du Seigneur présentent la mort de Christ pour une totalité d'hommes et non pour tous les hommes (Mt 26.28 ; Mc 14.24 ; Lc 22.19-20) : « ceci est mon sang, le sang de l'alliance, qui est répandu pour plusieurs, pour la rémission des péchés ». Il en va de même avec le texte d'Ésaïe 53 qui annonce la mort du Messie à venir :

> [...] qui a cru qu'il était retranché de la terre des vivants et frappé pour les péchés de mon peuple? [...] Par sa connaissance mon serviteur juste justifiera beaucoup d'hommes, et il se chargera de leurs iniquités. [...] Parce qu'il a porté les péchés de beaucoup d'hommes, et qu'il a intercédé pour les coupables. (Es 53.8, 11-12)

L'Épître aux Hébreux cherche à démontrer que Christ est le vrai souverain sacrificateur qui a accompli efficacement et définitivement le vrai sacrifice de rédemption. Les sacrifices lévitiques, qui étaient des types du sacrifice de

Christ, étaient tous définis. Lorsque le souverain sacrificateur, une fois l'an, entrait dans le Saint des Saints pour faire l'expiation des péchés du peuple, il portait le pectoral du jugement. Sur ce pectoral étaient inscrits le nom des tribus d'Israël afin de représenter un peuple précis devant Dieu : « Lorsque Aaron entrera dans le sanctuaire, il portera sur son cœur les noms des fils d'Israël, gravés sur le pectoral du jugement, pour en conserver à toujours le souvenir devant l'Éternel. » (Ex 28.29)

Ceci représentait l'œuvre que Christ accomplirait pour ses frères. Dans l'Évangile de Jean, nous retrouvons la prière de consécration sacerdotale que Jésus offrit en vue de sa passion. Jésus ne pria que pour ceux envers qui son sacrifice était destiné : « J'ai fait connaître ton nom aux hommes que tu m'as donnés du milieu du monde. Ils étaient à toi, et tu me les as donnés [...] C'est pour eux que je prie. Je ne prie pas pour le monde, mais pour ceux que tu m'as donnés, parce qu'ils sont à toi. » (Jn 17.6, 9) Comprenons que Christ nous portait sur son cœur spécifiquement lorsqu'il s'offrit en sacrifice. Il s'est substitué pour nous parce qu'il nous aimait et qu'il désirait qu'aucun de ceux que le Père lui avait donnés ne se perde.

Ce don du Père au Fils est le fondement de la rédemption. Jésus donne sa vie pour ses brebis (Jn 10.15), ses brebis lui ont été données par son Père (Jn 10.29). Jésus est venu expressément pour faire la volonté du Père, sa volonté « c'est que je ne perde rien de tout ce qu'il m'a donné, mais que je le ressuscite au dernier jour. » (Jn 6 39). La rédemption vient de ce que le Père a confié au Fils le rachat de ses élus. Ainsi, Jésus affirme : « Nul ne peut venir à moi, si le Père qui m'a envoyé ne l'attire ; et je le ressusciterai au dernier jour. » (Jn 6.44) Jésus peut déclarer avec assurance : « Tous ceux que le Père me donne viendront à moi » (Jn 6.37). Roger Nicole constate avec raison que la rédemption doit refléter l'unité trinitaire :

> Comment Christ pourrait-il avoir l'intention de mourir pour ceux que le Père ne lui a pas donnés, et que le Saint-Esprit ne régénérera pas? L'unité et l'harmonie dans l'articulation trinitaire du plan divin exigent une rédemption qui soit exactement coextensive avec l'élection d'un côté et l'application efficace de l'autre. On peut difficilement exagérer l'importance de ce point[38].

Il en va de même dans les épîtres pauliniennes. Paul présente l'œuvre de rédemption comme une œuvre efficace en elle-même, destinée exclusivement à l'Église. Par exemple, nous lisons :

> Maris, aimez vos femmes, comme Christ a aimé l'Église, et s'est livré lui-même pour elle, afin de la sanctifier par la parole, après l'avoir purifiée par le baptême d'eau, afin de faire paraître devant lui cette Église glorieuse, sans tache, ni ride, ni rien de semblable, mais sainte et irrépréhensible. (Ep 5.25-27)

---

[38] Roger Nicole, « The Atonement in Reformed Theology », *Bulletin of the Evangelical Theological Society*, Vol. 10, No 4, Fall, 1967, p. 204.

Christ s'est-il livré ainsi pour le monde, l'a-t-il purifié, l'a-t-il fait paraître devant lui irrépréhensible? Christ a agi ainsi uniquement pour son Église. Son Église est séparée du monde parce qu'elle a été mise à part avant la fondation du monde et rachetée en temps voulu. Les apôtres déclarent plusieurs fois aux croyants qu'ils forment un peuple acquis, c'est-à-dire pour lequel Dieu a payé (Ac 20.28 ; Ep 1.14 ; 1 P 2.9). La mort de Christ fut le paiement de cette acquisition qui inclut une totalité d'hommes. Nous voyons cette même idée dans l'Apocalypse : « Tu es digne de prendre le livre, et d'en ouvrir les sceaux ; car tu as été immolé, et tu as racheté pour Dieu par ton sang des hommes de toute tribu, de toute langue, de tout peuple, et de toute nation ; tu as fait d'eux un royaume et des sacrificateurs » (Ap 5.9-10). Le texte ne dit pas que Christ a racheté toutes les tribus, langues et nations, mais que le peuple choisi par Dieu et racheté par Christ vient *de* toute tribu, langue et nation.

Réponses aux objections

Avant d'être exposé aux doctrines de la grâce, je n'avais pas remarqué la rédemption particulière dans les pages de la Bible. Non qu'elle n'y était pas, mais on m'avait enseigné le contraire ; je ne la soupçonnais donc pas. Charles Spurgeon raconte qu'un homme vint s'opposer à l'une de ses prédications sur l'élection en lui disant : « J'ai lu la Bible à genoux plusieurs fois et je n'ai jamais vu cette idée de prédestination. » « Eh bien! Mon cher monsieur, lui répondit le pasteur Spurgeon, je crois qu'il serait temps que vous lisiez la Bible dans une position plus confortable ; vous commenceriez peut-être à la lire plus attentivement. »

J'aimerais expliquer brièvement quelques textes, non pas pour tenter de convaincre ceux qui refusent de croire la doctrine de l'expiation définie, mais pour donner des éclaircissements à ceux qui s'interrogent sincèrement. Comment faut-il comprendre les textes suivants?

1. « Il est lui-même une victime expiatoire pour nos péchés, non seulement pour les nôtres, mais aussi pour ceux du monde entier. » (1 Jn 2.2) Imaginez que vous deviez expliquer à des Juifs xénophobes que le salut n'est pas destiné à la nation juive seulement, mais à toutes les nations du monde aussi impures soient-elles. Comment diriez-vous cela? Exactement comme Jean! En disant que Jésus a expié les péchés du monde entier, Jean veut simplement dire que les païens aussi font partie du peuple racheté. Le mot monde est employé de façon générique : Christ est mort pour le genre humain et non pour une ethnie particulière.

2. « Car Dieu a tant aimé le monde qu'il a donné son Fils unique, afin que quiconque croit en lui ne périsse point, mais qu'il ait la vie éternelle. » (Jn 3.16) Christ est mort pour que quiconque qui croit ait la vie éternelle. Le « quiconque », pour lequel Christ est mort, est défini, il s'agit de « quiconque croit ». Autrement dit, Christ est mort pour les croyants. Et si les croyants croient, c'est parce que Christ est mort pour eux ; il s'agit d'un des premiers effets de sa mort : elle donne la foi à ses brebis.

3. « J'exhorte donc, avant toutes choses, à faire des prières, des supplications, des requêtes, des actions de grâces, pour tous les hommes, pour les rois et pour tous ceux qui sont élevés en dignité, afin que nous menions une vie paisible

et tranquille, en toute piété et honnêteté. Cela est bon et agréable devant Dieu notre Sauveur, qui veut que tous les hommes soient sauvés et parviennent à la connaissance de la vérité. » (1 Tm 2.1-4) Paul dit de prier pour les rois, les personnes élevées et tout homme, car Dieu veut sauver toutes sortes d'hommes parmi ceux qui composent la société. Aucune catégorie d'hommes n'est exclue, nous devons donc prier pour tous. De plus, en priant pour les autorités, nos prières ont un effet bénéfique sur toute la société et permettent l'avancement du royaume de Dieu.

4. « Le Seigneur ne tarde pas dans l'accomplissement de la promesse, comme quelques-uns le croient ; mais il use de patience envers vous, ne voulant pas qu'aucun ne périsse, mais voulant que tous arrivent à la repentance. » (2 P 3.9) Remarquez que Pierre précise qui sont ceux que Dieu ne veut pas voir périr, ceux pour lesquels il diffère l'accomplissement de sa promesse. Il dit : « Dieu use de patience envers « *vous* ». Qui est désigné par ce « vous » sinon ceux à qui ses épîtres sont destinées? Pierre écrit à ceux « qui sont élus selon la prescience de Dieu le Père (…) afin qu'ils deviennent obéissants, et qu'ils participent à l'aspersion du sang de Jésus-Christ » (1 P 1.2). Loin de nier la rédemption particulière, ce passage affirme que le jugement final n'arrivera pas que tous les élus n'aient cru et participé à l'aspersion du sang de Jésus-Christ. Pierre leur écrit spécifiquement dans ce but, afin de produire leur conversion par la Parole vivante (1 P 1.23).

5. Finalement, il y a les passages affirmant que Christ est mort pour tous (Rm 8.32 ; 2 Co 5.14 ; Hé 2.9). Notez que dans tous ces passages le mot « tous » représente une totalité. Prenons seulement 2 Corinthiens 5.14-15 :

« l'amour de Christ nous presse, parce que nous estimons que, si un seul est mort pour tous, tous donc sont morts ; et qu'il est mort pour tous, afin que ceux qui vivent ne vivent plus pour eux-mêmes, mais pour celui qui est mort et ressuscité pour eux. » Ce texte dit bien que Christ est mort pour tous, mais il dit que tous ceux pour qui il est mort sont morts avec lui et que tous ceux-là vivent désormais pour lui. Le premier « tous » doit correspondre au deuxième « tous » : « un seul est mort pour <u>tous</u>, <u>tous</u> donc sont morts ». Ce « tous » représente la totalité des élus pour lesquels Christ a versé son sang. C'est ainsi que nous reconnaissons nos frères : ils ne vivent plus pour eux-mêmes, mais pour Christ. Comment notre vie pourrait-elle ne pas être totalement bouleversée lorsque nous comprenons qu'il nous a personnellement aimés et qu'il est mort efficacement pour nous? L'amour de Christ nous presse!

Lecture supplémentaire

Jean 10.11-30

Chapitre 9

Sola gratia : l'efficacité de la grâce

Récapitulons. Nous avons vu que la grâce est absolument nécessaire pour amorcer le salut parce que l'homme est spirituellement mort et incapable de se tourner de lui-même vers Dieu. Puisque la grâce est nécessaire, elle remonte forcément à une cause originelle. Cette origine est l'élection ; avant la fondation du monde, Dieu a choisi les pécheurs qu'il sauverait. Cette élection est inconditionnelle et imméritée. L'élection a mené à la rédemption qui a une portée définie puisqu'elle est parfaitement efficace. La grâce est donc nécessaire, inconditionnelle et définie. Il nous faut maintenant examiner l'efficacité de la grâce. La grâce est-elle efficiente d'elle-même ou devient-elle effective par la volonté humaine ? Dans ce chapitre, nous verrons l'irrésistibilité de la grâce, ou encore la certitude de son efficacité.

Le salut est une œuvre de la Trinité. Le Père a choisi ceux qu'il voulait sauver ; il s'agit de l'élection. Le Fils a racheté ceux que le Père lui a donnés ; il s'agit de la rédemption. Et le Saint-Esprit appelle et applique les bénéfices de la mort de Christ à tous les rachetés ; il s'agit de la vocation. Nous devrions songer à notre salut dans cette séquence :

déterminé – accompli – appliqué, ou encore : élection – rédemption – vocation. L'Écriture sainte envisage le salut de manière trinitaire : « (…) élus selon la prescience de Dieu le Père, par la sanctification de l'Esprit, afin qu'ils deviennent obéissants, et qu'ils participent à l'aspersion du sang de Jésus-Christ » (1 P 1.2). Dans le chapitre 1 de l'Épître aux Éphésiens, Paul présente le salut comme étant l'œuvre de la Trinité : le Père « nous a élus avant la fondation du monde » (v. 4), « nous avons la rédemption par [le] sang [du Fils] » (v. 7) et nous avons « été scellés du Saint-Esprit » (v. 13). Être « scellé du Saint-Esprit », c'est lorsque l'Esprit applique les bénéfices de la rédemption :

> Ceux que Dieu a prédestinés à la vie, il lui plaît, au temps que lui seul a fixé, de les appeler efficacement, par sa Parole et son Esprit, hors de l'état de péché et de mort dans lequel ils sont par nature, à la grâce et au salut par Jésus-Christ. Il éclaire spirituellement leur intelligence et leur donne de comprendre à salut les vérités divines. Il enlève leur cœur de pierre, pour leur donner un cœur de chair ; il renouvelle leur volonté, et par son pouvoir tout-puissant, les oriente vers ce qui est bien, en les attirant efficacement à Jésus-Christ. C'est cependant très librement qu'ils viennent, Dieu produisant leur vouloir par sa grâce[39].

Ceci ne ressemble-t-il pas à l'expérience que vous avez vécue lorsque vous avez été convertis à Christ? Cette œuvre n'est pas la nôtre, c'est celle de Dieu!

---

[39] *La Confession de foi baptiste de Londres de 1689*, 10.1.

1. L'appel général et l'appel efficace

Qui est appelé à se repentir de ses péchés et à croire en Jésus-Christ? Tous les hommes! « Dieu, sans tenir compte des temps d'ignorance, annonce maintenant à tous les hommes, en tous lieux, qu'ils aient à se repentir. » (Ac 17.30) Le fait que tous les hommes sont appelés ne signifie pas que tous les hommes peuvent croire. « Il y a beaucoup d'appelés, mais peu d'élus. » (Mt 22.14)

La Bible distingue deux appels au salut : il y a l'appel général et l'appel efficace. Le premier est externe et le second est interne. L'appel général ne sauve personne, il est toujours inefficace. Il en est ainsi à cause de la condition spirituelle de l'homme : l'homme n'est pas simplement malade dans son péché et encore capable de revenir à Dieu. L'homme est mort dans son péché, il est séparé de Dieu et esclave dans le camp du diable. On peut l'appeler *ad vitam aeternam*, il ne pourra jamais venir. Faites le test : allez dans un cimetière et tentez de convaincre les morts d'accepter Jésus. Ce qui est vrai physiquement des morts est vrai spirituellement des hommes : ils sont morts (Mt 8.22). L'appel au salut devient efficace lorsque, par la prédication de l'Évangile, le Saint-Esprit convainc de péché, de justice et de jugement (Jn 16.8). L'appel devient efficace lorsqu'il devient interne ; lorsque l'homme est irrésistiblement appelé de l'intérieur et qu'il ne peut plus ne plus croire. Seul le Seigneur peut appeler un homme de cette manière.

Les moyens que nous prenons pour évangéliser sont totalement dépourvus d'efficacité en eux-mêmes. Ces moyens sont comme une corde qu'on lancerait à quelqu'un qui se noie sans que l'autre bout soit retenu. Cette corde n'aura aucune efficacité en elle-même. Cependant, dès que l'autre extrémité est attachée ou retenue par une personne, la corde devient efficace grâce à la tension qu'elle offre. Les moyens d'évangélisation deviennent efficaces uniquement lorsque la force surnaturelle de l'Esprit leur accorde sa puissance.

Les Corinthiens se laissaient impressionner par le succès, le renom, la rhétorique et tout ce qui peut attirer l'homme. Paul leur reprochait de ne pas comprendre l'œuvre de Dieu puisqu'ils mettaient leur confiance dans des hommes :

> Quand l'un dit : Moi, je suis de Paul! et un autre : Moi, d'Apollos! n'êtes-vous pas des hommes? Qu'est-ce donc qu'Apollos, et qu'est-ce que Paul? Des serviteurs, par le moyen desquels vous avez cru, selon que le Seigneur l'a donné à chacun. J'ai planté, Apollos a arrosé, mais Dieu a fait croître, en sorte que ce n'est pas celui qui plante qui est quelque chose, ni celui qui arrose, mais Dieu qui fait croître. (1 Co 3.4-7)

Avons-nous confiance en Dieu? Avons confiance en l'efficacité de sa Parole? Malgré nos belles professions de foi, plusieurs n'ont pas confiance et veulent remplacer le Saint-Esprit et espèrent sauver plus d'âmes que Christ n'en a rachetées. Il n'y a qu'une seule façon d'appeler efficacement des hommes à Christ et c'est par la Parole de Dieu.

> Nous sommes, en effet, pour Dieu la bonne odeur de Christ, parmi ceux qui sont sauvés et

parmi ceux qui périssent : aux uns, une odeur de mort, donnant la mort ; aux autres, une odeur de vie, donnant la vie. Et qui est suffisant pour ces choses? Car nous ne falsifions point la parole de Dieu, comme font plusieurs ; mais c'est avec sincérité, mais c'est de la part de Dieu, que nous parlons en Christ devant Dieu. (2 Co 2.15-17)

Lorsque nous appelons les hommes par la Parole de Dieu cela produit deux effets : une odeur de mort donnant la mort pour les réprouvés et une odeur de vie donnant la vie pour les appelés. L'Évangile sera efficace pour autant que nous ne falsifions aucunement la Parole de Dieu. Mais l'appel au salut ne sera pas efficace pour tous les hommes. Examinons pourquoi cet appel est efficace pour certains seulement.

2. L'application de la grâce

John Murray fut l'un des plus importants théologiens du 20e siècle. Il a écrit un petit livre dans lequel il explique le salut. J'aimerais simplement vous citer le titre de son livre : *La rédemption, accomplie et appliquée*[40]. Seulement le titre nous montre que le professeur Murray n'adhérait pas à une conception du salut où Dieu aurait accompli la rédemption et attendrait désespérément que des hommes se tournent vers lui. C'est ainsi qu'on m'avait enseigné le salut quand j'étais petit : Dieu appelle tout le monde, mais il faut l'accepter... Jésus frappe à la porte de notre cœur, mais c'est à nous de lui ouvrir. Cette conception

---

[40] John Murray, *Redemption Accomplished and Applied*, Grand Rapids, Eerdmans, 1955, 192 p.

représente pratiquement Dieu comme un pauvre vieux grand-papa qui attend désespérément que les hommes viennent le visiter, mais tout le monde se fiche pas mal de lui. Dans un livre pour enfant, Jésus est comparé à un clown dans un parc qui offre des ballons aux passants, mais le clown est bien triste parce que bien peu de personnes ne veulent de ses ballons. Ces petites histoires plaisent peut-être aux enfants et aux arminiens, mais la vérité biblique est bien différente.

La rédemption n'est pas simplement accomplie par Dieu, elle est aussi appliquée par lui. Dieu est un guerrier qui n'attend pas passivement que son peuple vienne à lui, mais qui va lui-même délivrer tous ceux qui lui appartiennent. Si des hommes viennent au Christ, c'est parce qu'au calvaire il les a rachetés et leur a obtenu la grâce de la régénération, de la repentance et de la foi, de la justification, de l'adoption, de la sanctification, de la persévérance et de la résurrection finale. Ce salut est appliqué par le Saint-Esprit à toutes les âmes rachetées par Christ. Notre conversion n'est pas le fruit de notre libre arbitre, mais le fruit de l'œuvre de Christ. Notre foi et nos œuvres de justice sont l'effet de sa mort. Régénérés, nous travaillons à notre salut (Ph 2.12), mais nous sommes l'œuvre de Dieu (Ph 2.13). Tous les fruits que nous portons proviennent de la puissance du salut en Jésus-Christ, « car nous sommes son ouvrage ». (Ep 2.10)

Christ a accompli la rédemption et le Saint-Esprit applique la rédemption. Il est grand temps que les chrétiens cessent de fouiller dans les poubelles du monde (Ph 3.7-11) pour se mettre plutôt à rechercher dans les provisions de leur salut, « tout ce qui contribue à la vie et à la piété » (2 P 1.3). Que les chrétiens cessent de regarder vers Freud pour leur mieux-être et qu'ils se tournent vers la sanctification en Jésus-Christ. Que les chrétiens cessent de demander à Épicure ou à Socrate la voie du bonheur et de la sagesse et qu'ils craignent plutôt l'Éternel. Qu'au lieu de chercher leur repos en évitant toute souffrance, ils trouvent « la paix de Dieu, qui surpasse toute intelligence » (Ph 4.6-7) et qu'ils prennent la croix et supportent les souffrances. Qu'ils ne cherchent plus le succès ou la gloire des hommes, mais la fidélité à Dieu. Les chrétiens appartiennent à un autre royaume, servent un autre Empereur et sont soumis à d'autres lois que ceux qui marchent selon le train de ce monde (Col 1.13). Semblables à des souris mourant de faim alors qu'elles sont dans les greniers de Pharaon, les chrétiens semblent parfois oublier qu'ils ont « tout pleinement » en Jésus-Christ (Col 2.10).

Combien de chrétiens ne connaissent pas leur salut et ne comprennent pas la grâce de Dieu? Chaque fois que l'Église délaisse la prédication de l'Évangile pour se tourner vers autre chose, c'est parce qu'elle ne comprend pas l'Évangile et qu'elle ignore l'efficacité de la grâce de Dieu. Lorsqu'un pécheur passe des ténèbres à la lumière et de la mort à la vie, c'est parce que l'Esprit lui applique la rédemption acquise par Jésus-Christ. Remarquez comment l'homme est passif et Dieu actif dans le salut : « Ceux qu'il a prédestinés, il les a aussi appelés ; et ceux qu'il a appelés, il les a aussi justifiés ; et ceux qu'il a justifiés, il les a aussi glorifiés. » (Rm 8.30) La grâce a été appliquée à notre vie, nous sommes « des vases de miséricorde qu'il a d'avance préparés pour la gloire »

(Rm 9.23). Nous sommes la manifestation de « la sagesse infiniment variée de Dieu » (Ep 3.10). Nous servons uniquement « à la louange de la gloire de sa grâce qu'il nous a accordée en son bien-aimé » (Ep 1.6). Dieu a rendu manifeste qu'il est miséricordieux en nous accordant son salut. Nous sommes son œuvre.

Quand réaliserons-nous que nous n'avons aucun mérite et que nous devons tout à l'efficacité de sa grâce? Quand verrons-nous que nous étions les malheureux esclaves du péché et que nous sommes devenus les héritiers de la gloire? Quand vivrons-nous à la louange de sa gloire comme les bienheureux cohéritiers de Christ? Nous sommes maintenant ce que nous sommes, uniquement parce que la grâce nous a été appliquée. Mieux vaudrait investir dans notre vie en Christ, car tout le reste passera.

3. L'irrésistibilité de la grâce

Sans la grâce de Dieu, un pécheur ne peut pas venir à Dieu. Avec la grâce de Dieu, un pécheur ne peut pas ne pas venir à Dieu. La grâce est irrésistible. Cela ne signifie pas que les élus ne résistent pas à Dieu ; ils lui résistent tant et aussi longtemps qu'ils sont morts dans leurs péchés. Mais dès que l'Esprit saint applique la puissance de l'œuvre de Christ, aucun homme ne peut résister... « Tous ceux que le Père me donne viendront à moi » (Jn 6.37). Comment Christ pourrait-il dire une telle chose si la grâce était résistible? Aucun homme ne peut aller à Christ à moins que le Père ne l'attire (Jn 6.44), mais aucun homme ne peut résister à Christ une fois que le Père l'attire.

L'appel irrésistible ne fait pas de nous des marionnettes, car ce n'est pas contre notre gré que nous allons à Christ. Lorsque notre volonté est libérée, nous allons librement à lui. Voici une comparaison intéressante : vous qui voyez, êtes-vous capables de ne pas croire à l'existence du soleil? C'est quand même invraisemblable qu'une immense boule de feu flotte fixement dans le vide et que toutes les planètes tournent autour d'elle et en dépendent. Elle brûle depuis des milliers d'années et s'autoconsume sans jamais s'éteindre ou cesser de produire la lumière et la chaleur nécessaires. Aussi invraisemblable et merveilleux que le soleil puisse paraître, vous êtes incapables de ne pas y croire, et pourtant vous y croyez librement. Il en est ainsi de la foi ; lorsque l'Esprit saint ouvre les yeux d'un pécheur et lui fait voir le soleil de justice, l'étoile du matin, il ne peut pas ne pas croire, mais il croit librement puisqu'il ne fait que reconnaître la vérité. Autrefois nous étions aveugles, nous retenions la vérité captive (Rm 1.18). Maintenant nous voyons, car nous avons été affranchis par la vérité (Jn 8.32).

Quelques chapitres plus tôt, j'ai mentionné une prière de St-Augustin : « Donnez ce que vous ordonnez et ordonnez ce que vous voulez. » Il en est ainsi de la vocation. L'appel efficace donne ce que l'appel général ordonne. Dieu ordonne à tous les hommes de se repentir de leurs péchés et de croire. Dans sa grâce infinie, Dieu donne la repentance et la foi à des pécheurs. La repentance et la foi ne sont pas des fleurs qui poussent sur le fumier de la dépravation humaine, mais uniquement sur l'œuvre de grâce de Jésus-Christ. L'œuvre que Dieu fait dans nos cœurs consiste à nous faire croire en son Fils afin que nous devenions comme Lui : « L'œuvre de Dieu, c'est que vous croyiez en celui qu'il a envoyé. » (Jn 6.29) L'œuvre de Dieu dont il est question dans ce passage, c'est l'œuvre que Dieu fait. Plusieurs autres passages démontrent que la repentance est un don de Dieu, même si c'est l'homme qui se repent (Ac 5.31 ; 11.18 ; 2 Tm 2.25). Nous sommes obligés de reconnaître que ce don est fait de manière discriminatoire. Pourquoi avez-vous répondu à l'appel et vous êtes-vous repentis de vos péchés? Parce que Christ est mort efficacement pour vous et que sa mort vous a obtenu le don de la repentance. Votre réponse est l'écho de son amour pour vous. À lui la gloire!

Ce n'est pas fortuitement que l'Écriture appelle notre nouvelle naissance une résurrection (Ep 2.6 ; Col 2.12 ; 3.1). Un mort ne peut répondre à aucun appel à moins de ressusciter. Si nous étions bel et bien morts comme l'Écriture le dit, comment aurions-nous pu décider de ressusciter pour pouvoir nous convertir à Christ? Réalisons la puissance de Dieu : « Aux hommes cela est impossible, mais à Dieu tout est possible. » (Mt 19.26) Dieu est celui « qui donne la vie aux morts, et qui appelle les choses qui ne sont point comme si elles étaient. » (Rm 4.17) Nous étions morts, mais Dieu nous a appelés et nous sommes ressuscités par sa Parole. Exactement comme Lazare : le Seigneur lui dit « Lazare, sors! », et Lazare sortit. Si le Seigneur ne donne pas ce qu'il ordonne, comment Lazare aurait-il pu obéir? « Je suis la résurrection et la vie. Celui qui croit en moi vivra, quand même il serait mort » (Jn 11.25). La résurrection est un don.

La nouvelle naissance n'est pas un choix humain, c'est un choix divin ; elle n'est pas l'œuvre de l'homme, mais de Dieu. Les enfants de Dieu « sont nés, non du sang, ni de la volonté de la chair, ni de la volonté de l'homme, mais de Dieu. » (Jn 1.13). Je suis né en 1980 et je n'ai jamais été consulté pour savoir si j'acceptais de naître. On ne m'a pas demandé en 1979 si j'acceptais d'exister et j'ai même une preuve irréfutable de cela : je n'existais pas encore à ce moment-là. Je suis né de manière irrésistible ; j'ai été conçu sans que je ne puisse m'y opposer ; je suis sorti du sein maternel et je me suis mis à respirer sans pouvoir faire autrement ; j'ai reçu la vie irrésistiblement et je ne pourrai jamais éteindre mon existence, même si je me tuais puisque le souffle de vie est immortel.

Pourquoi croyez-vous que la Bible compare notre nouvelle naissance à un engendrement? Parce que c'est exactement ce dont il s'agit! Dieu nous a engendrés et nous a placés dans sa famille. Il exige maintenant que nous vivions comme ses enfants ; cela nous a été imposé par grâce comme le reste de la vie... La Bible ne compare pas la régénération à une adhésion volontaire similaire à un abonnement par lequel on devient membre ni à une quelconque décision personnelle. La Bible compare la régénération à une naissance et à une résurrection parce qu'il s'agit d'une œuvre de la puissance irrésistible de Dieu. Nous n'avons pas reçu des yeux parce que nous avons vu ni des oreilles parce que nous avons entendu. Mais nous voyons et entendons parce que Dieu nous a fait don d'yeux et d'oreilles. De même, si nous croyons, c'est parce que nous avons reçu la foi. La foi vient de l'efficacité de la grâce selon ce que dit Actes 18.27 :

« Arrivé là, il [Apollos] se rendit très utile à ceux qui avaient cru par la grâce (de Dieu)[41]. » Le livre des Actes nous montre que c'est toujours en vertu de la grâce que quelqu'un en vient à croire :

> Ac 13.48 Les païens se réjouissaient en entendant cela, ils glorifiaient la parole du Seigneur, et *tous ceux qui étaient destinés à la vie éternelle crurent*.

> Ac 16.14 L'une d'elles, nommée Lydie, marchande de pourpre, de la ville de Thyatire, était une femme craignant Dieu, et elle écoutait. *Le Seigneur lui ouvrit le cœur*, pour qu'elle fût attentive à ce que disait Paul.

> Ac 18.9-10 Le Seigneur dit à Paul en vision pendant la nuit : ne crains point ; mais parle, et ne te tais point, car je suis avec toi, et personne ne mettra la main sur toi pour te faire du mal : parle, car *j'ai un peuple nombreux dans cette ville*.

L'assurance que nous avons lorsque nous prêchons l'Évangile, c'est que Dieu a des brebis qu'il veut sauver. Aucune d'entre elles ne sera laissée derrière. Soyons certains que la grâce sera efficace pour toutes les brebis car le bon berger a donné sa vie pour elles.

Lecture supplémentaire
Ézéchiel 37.1-10

---

[41] Cette traduction est celle de la Bible Louis Segond révisée. La première Bible Louis Segond dit : « Quand il fut arrivé, il se rendit, par la grâce de Dieu, très utile à ceux qui avaient cru » (Ac 18.27).

Chapitre 10

Sola gratia : la durée de la grâce

Nous avons examiné la nécessité, la cause, la portée et l'efficacité de la grâce. Nous avons vu que la grâce est nécessaire, inconditionnelle, définie et irrésistible. Il nous reste encore un thème à aborder concernant les doctrines de la grâce : la durée de la grâce ; celle-ci est éternelle. Un salut qui découle du monergisme divin et qui est complètement immérité, gratuit et efficace ne peut être temporaire...

1. La durée de la grâce

En 1545 s'ouvrit à Trente, en Italie, l'un des plus importants conciles catholiques. Ce concile fut la réponse de l'Église catholique romaine à la Réforme protestante. On peut parler du concile de Trente comme d'une contre-réforme. Les *solas* de la Réforme furent soigneusement niés dans les décrets de ce concile. On y rejeta, entre autres, la doctrine de la pérennité de la grâce. Nous lisons : « Il est à propos aussi de bien établir que la grâce de la justification que l'on a reçue se perd non seulement par le crime de l'infidélité, par lequel la foi se perd aussi ; mais même par tout autre péché mortel[42] ».

Quelques décennies plus tard, Jacob Arminius introduisit du côté protestant cette doctrine de la perte du salut. L'arminianisme enseigne que l'homme peut être sauvé temporairement, puis perdre son salut s'il abandonne la foi. Cet enseignement va de pair avec un salut qui est causé par le libre arbitre de l'homme. Si l'homme peut amorcer son salut, il peut aussi le "désamorcer" sinon, il n'a pas entièrement un libre arbitre. Cet enseignement se propagea dans beaucoup d'Églises et de courants chez les protestants… Voici comment les théologiens de convictions réformées se situèrent par rapport à cette controverse :

> Ceux que Dieu a acceptés en son Bien-aimé, qu'il a efficacement appelés, et sanctifiés par son Esprit, ceux à qui il a donné la foi des élus, ne peuvent ni totalement ni définitivement déchoir de l'état de grâce, mais ils y persévéreront certainement jusqu'à la fin et seront éternellement sauvés. (…) Bien que de nombreux orages et tempêtes se lèveront et les frapperont, ils ne seront jamais capables de les arracher au fondement et rocher auquel ils sont attachés par la foi. Bien que, en raison de l'incroyance et des tentations de Satan, leur perception de la lumière et de l'amour de Dieu puisse être, pour un temps, voilée et obscurcie, lui demeure toujours le même, et ils auront l'assurance d'être gardés par la puissance de Dieu pour le salut, où ils se réjouiront des richesses qui leur auront été acquises, d'autant qu'ils ont

---

[42] *Concile de Trente*, session VI, chapitre XV.

été gravés sur la paume de ses mains, et que leurs noms ont été inscrits de toute éternité dans le livre de vie[43].

Notre opinion sur la durée du salut dépend de notre conception de la nature du salut. Si le salut est inconditionnel et immérité comment pourrions-nous en déchoir? Mais dès qu'on envisage le salut comme quelque chose qui peut se perdre, on envisage un salut conditionnel. Ceux qui croient à la perte du salut ne pensent pas nécessairement qu'il y a quelque chose de défectueux avec le salut, mais ils pensent que l'homme est en quelque sorte le maillon faible de la chaîne du salut. Rappelons qu'aucune chaîne n'est plus forte que son maillon le plus faible. Si l'homme est un des maillons de la chaîne du salut, les autres maillons, malgré leur solidité, ne garantissent pas le fonctionnement du salut ; puisque l'œuvre de Dieu dépend de l'homme. Par contre, si le salut est inconditionnel, l'homme ne fait pas partie des maillons qui garantissent le fonctionnement du salut ; celui-ci ne peut donc être brisé.

Le salut est entièrement l'œuvre de Dieu et il vient avec la persévérance finale. L'œuvre de Christ pour les élus comprend l'expiation des péchés, mais aussi l'acquisition de la foi, de la sanctification et de la persévérance jusqu'à la fin. Le salut n'est pas quelque chose que les croyants conservent, mais c'est Dieu qui conserve les croyants dans le salut de façon à ce qu'ils ne puissent finalement déchoir. Nous ne nous gardons pas nous-mêmes, nous

---

[43] *La Confession de foi baptiste de Londres de 1689*, 17.1.

sommes gardés par Dieu. Nous sommes gardés des invasions et des évasions.

> Béni soit Dieu, le Père de notre Seigneur Jésus-Christ, qui, selon sa grande miséricorde, nous a régénérés, pour une espérance vivante, par la résurrection de Jésus-Christ d'entre les morts, pour un héritage qui ne se peut ni corrompre, ni souiller, ni flétrir, lequel vous est réservé dans les cieux, *à vous qui, par la puissance de Dieu, êtes gardés par la foi pour le salut prêt à être révélé dans les derniers temps!* (1 P 1.3-5)

Certains chrétiens pensent qu'à leur conversion ils n'ont été pardonnés que pour leurs péchés passés. Ils n'ont aucune certitude quant à leurs péchés futurs et risquent la condamnation à tout moment s'ils meurent avant d'avoir eu le temps de se repentir... L'Écriture enseigne que Christ a racheté nos transgressions avant même que nous ne les commettions ; il s'agissait donc de transgressions futures. Christ est mort pour les péchés que nous avons commis avant de le connaître et après l'avoir connu. Nous sommes définitivement pardonnés et non pardonnés de manière intermittente. Nous devons concevoir le rachat de nos péchés comme quelque chose de définitivement achevé au Calvaire et non comme une œuvre en train de se parfaire. Nous demandons quotidiennement pardon pour nos transgressions (Mt 6.12), mais nous sommes définitivement pardonnés (1 Jn 2.12). Le salut est permanent, il ne se perd pas.

Plusieurs passages de l'Écriture nous donnent droit à cette assurance. « Or, la volonté de celui qui m'a envoyé, c'est que je ne perde rien de tout ce qu'il m'a donné, mais que je le ressuscite au dernier jour. » (Jn 6.39) Le salut ne dépend pas de notre capacité à nous accrocher jusqu'à la fin, mais de la capacité de Christ à remplir la mission que le Père lui a confiée : sauver et garder ses brebis. Croyez-vous qu'il réussira? En tous les cas, Jésus semble très confiant, lui : « Mes brebis entendent ma voix ; je les connais, et elles me suivent. Je leur donne la vie éternelle ; et elles ne périront jamais, et personne ne les ravira de ma main. Mon Père, qui me les a données, est plus grand que tous ; et personne ne peut les ravir de la main de mon Père. » (Jn 10.27-29)

Paul y va d'une déduction logique pour fonder solidement l'assurance des croyants. Il écrit : « Car si, lorsque nous étions ennemis, nous avons été réconciliés avec Dieu par la mort de son Fils, à plus forte raison, étant réconciliés, serons-nous sauvés par sa vie. » (Rm 5.10) Selon l'apôtre Paul, il est impossible de déchoir de la grâce, car nous avons obtenu cette grâce alors que nous étions sous la colère divine ; maintenant que nous sommes sous la grâce divine comment pourrions-nous obtenir la colère divine? Comment pourrions-nous être suffisamment indignes d'une grâce pour laquelle nous n'avons jamais été dignes? Quel péché amplement grave pourrait nous faire perdre le salut? Quel péché est plus grand que la grâce de Dieu? L'adultère? Le meurtre? Ces deux péchés combinés? Parlez-en au roi David qui, après avoir fait mourir l'homme duquel il avait pris la femme, s'exclame : « Heureux celui à qui la transgression est remise, À qui le péché est pardonné! Heureux l'homme à qui l'Éternel n'impute pas d'iniquité. » (Ps 32.1-2) David était un misérable pécheur sauvé par la grâce ; comme vous et moi!

Une chose est certaine : « Il n'y a maintenant aucune condamnation pour ceux qui sont en Jésus-Christ. » (Rm 8.1)

Quelques syllogismes nous sont permis. « Dieu ne se repent pas de ses dons et de son appel. » (Rm 11.29) Dieu nous a fait don du salut et nous a appelés à la vie. Dieu ne nous retirera ni son don ni son appel. Christ a « obtenu une rédemption éternelle » (Hé 9.12). Nous avons obtenu la rédemption en Jésus-Christ. Notre rédemption est éternelle. La vie éternelle dure éternellement. Nous avons la vie éternelle. Nous vivrons éternellement. « Celui qui persévérera jusqu'à la fin sera sauvé. » (Mt 10.22) Nous sommes sauvés. Nous persévérerons jusqu'à la fin.

2. L'apostasie

Cependant l'Écriture n'enseigne-t-elle pas que si quelqu'un renie Jésus, Jésus le reniera pareillement (Mt 10.33)? Le Nouveau Testament n'enseigne-t-il pas que, si quelqu'un abandonne la foi il sera perdu (Hé 6.4-8 ; 10.26-27 ; 2 P 2.21)? En effet, l'Écriture enseigne que l'apostasie mène à la perdition ; si quelqu'un renie le Christ, Christ le reniera et, si quelqu'un abandonne la foi, il sera perdu. Par contre, je ne crois pas que l'Écriture enseigne la perte du salut pour autant. L'arminianisme conçoit l'apostasie comme étant la perte du salut des croyants, tandis que l'Écriture présente l'apostasie comme étant la dérive des faux croyants. Je ne saurais exagérer l'importance de cette différence.

Voici quelques versets essentiels pour bien comprendre l'apostasie : « Ils sont sortis du milieu de nous, mais ils n'étaient pas des nôtres ; car s'ils eussent été des nôtres, ils seraient demeurés avec nous, mais cela est arrivé afin qu'il fût manifeste que tous ne sont pas des nôtres. » (1 Jn 2.19) Jean déclare que certains vont abandonner la foi, mais il dit que ceux-là n'étaient pas des croyants régénérés, sinon ils n'auraient pas abandonné. Il conclut que cela rend évident le fait que l'Église visible ne correspond pas exactement à l'Église invisible, ou encore que les registres des membres de nos Églises ne correspondent pas exactement au registre du Livre de la vie. Jésus enseigne la même chose à la fin du Sermon sur la Montagne :

> Ceux qui me disent : Seigneur, Seigneur! N'entreront pas tous dans le royaume des cieux, mais celui-là seul qui fait la volonté de mon Père qui est dans les cieux. Plusieurs me diront en ce jour-là : Seigneur, Seigneur, n'avons-nous pas prophétisé par ton nom? N'avons-nous pas chassé des démons par ton nom? Et n'avons-nous pas fait beaucoup de miracles par ton nom? Alors je leur dirai ouvertement : Je ne vous ai jamais connus, retirez-vous de moi, vous qui commettez l'iniquité. (Mt 7.21-23)

Jésus ne dit pas : « Je vous ai connu, mais je ne vous connais plus. » Il dit : « Je ne vous ai jamais connu. » Il n'est pas question de gens qui ont eu le salut puis l'ont perdu, mais de gens qui n'ont jamais eu le salut malgré leur profession de foi. Arminius disait que la seule différence entre la foi à salut et la foi des apostats était la durée. C'est pourquoi il concluait qu'un chrétien peut perdre son salut en apostasiant. Voici la réponse des théologiens réformés réunis à Dordrecht en 1618-19 pour examiner l'arminianisme :

> La doctrine orthodoxe ayant été exposée, le Synode rejette les erreurs de ceux qui enseignent *qu'il n'y a entre la foi temporelle et celle qui justifie et sauve, aucune autre différence que celle de la durée.*
>
> Car le Christ lui-même, dans Matthieu 13.20s. et dans Luc 8.13s., établit manifestement une triple différence entre ceux qui ne croient que pour un temps et les véritables fidèles, quand il dit que les premiers reçoivent la semence dans les endroits pierreux, et les seconds dans la bonne terre, ou avec un cœur bon ; que ceux-ci n'ont point de racines, mais ceux-là de fermes racines ; que ceux-ci ne portent point de fruit, tandis que ceux-là produisent constamment leurs fruits en diverses quantités[44].

Il existe une telle chose qu'une fausse foi et une foi morte (Jc 2.17). Cette foi est différente de la foi à salut et l'une des différences fondamentales c'est la durée : elle est temporaire. L'apostasie n'est pas un éloignement temporaire du Seigneur, mais un abandon définitif de la vie chrétienne. De vrais chrétiens peuvent tomber dans le péché et pour un temps s'éloigner du Seigneur et de son Église, mais le bon berger ramène chaque brebis qui s'égare. Voici comment les baptistes confessèrent cette doctrine après leurs frères presbytériens :

---

[44] *Canon de Dordrecht*, V, Rejet des erreurs, VII.

En raison des tentations de Satan et du monde, de la prédominance de la corruption rémanente en eux, et de la négligence des moyens de sauvegarde, les saints peuvent tomber dans de graves péchés, et pour un certain temps y demeurer ; de la sorte, ils provoquent le déplaisir de Dieu, attristent le Saint-Esprit, et en arrivent à avoir leurs grâces et leurs soutiens diminués ; ils ont leur propre cœur endurci et la conscience meurtrie, ils blessent et scandalisent les autres, et provoquent des jugements temporels sur eux-mêmes ; cependant, ils renouvelleront leur repentance et seront gardés par la foi en Christ Jésus jusqu'à la fin[45].

La persévérance est la condition de l'assurance du salut. Personne ne peut affirmer qu'il est sauvé s'il ne persévère pas, car il est écrit que sans la sanctification « personne ne verra le Seigneur » (Hé 12.14). Le salut ne se perd pas, mais l'assurance du salut se perd. Nous perdons notre assurance lorsque nous devenons négligents. C'est pourquoi nous devons travailler à notre salut « avec crainte et tremblement » (Ph 2.12-13). Ayons cependant l'assurance que « que celui qui a commencé en vous cette bonne œuvre la rendra parfaite pour le jour de Jésus-Christ. » (Ph 1.6). Lorsque Dieu commence l'œuvre du salut dans la vie d'une personne, il la poursuit jusqu'à la fin. Nous sommes appelés à collaborer avec Dieu en nous soumettant à lui ; nous nous endurcirons peut-être par moment et nous nous entêterons dans nos voies, mais nous ne pourrons jamais nous échapper de sa main

---

[45] *La Confession de foi baptiste de Londres de 1689*, 17.3.

paternelle. Ceux qui finissent par rejeter la foi chrétienne « n'étaient pas des nôtres ». Mais Dieu aime trop les siens pour les laisser déchoir.

Lorsqu'un de ses enfants tombe dans le péché, Dieu ne le « désadopte » pas, mais il le châtie. Ce châtiment consiste à nous retirer notre assurance, à nous donner un sentiment de tristesse et de culpabilité (2 Co 7.10), à nous laisser moissonner les effets de notre péché (Ga 6.7). La correction du Seigneur est une preuve de son amour pour nous ramener dans le droit chemin et non un signe avant-coureur d'une répudiation.

> Et vous avez oublié l'exhortation qui vous est adressée comme à des fils : mon fils, ne méprise pas le châtiment du Seigneur, et ne perds pas courage lorsqu'il te reprend ; car le Seigneur châtie celui qu'il aime, et il frappe de la verge tous ceux qu'il reconnaît pour ses fils. Supportez le châtiment : c'est comme des fils que Dieu vous traite ; car quel est le fils qu'un père ne châtie pas? (Hé 12.5-7)

3. La persévérance des saints

Une des raisons principales derrière l'enseignement de la perte du salut, c'est la crainte qu'en enseignant la gratuité et la pérennité du salut, les âmes deviendront négligentes. Déjà au temps de l'apôtre Paul, certains considéraient que la doctrine du salut par grâce incitait à la licence. Paul envisage leur raisonnement : « Que dirons-nous donc? Demeurerions-nous dans le péché, afin que la grâce abonde? » (Rm 6.1). Qu'en est-il? Est-ce que la gratuité et la pérennité du salut incitent les croyants à l'insouciance face au péché? Après tout, si une fois que nous sommes sauvés, nous demeurons sauvés pour toujours, pourquoi s'évertuer à faire mourir la chair?

À ce point-ci, il est important de distinguer entre deux expressions, l'expression « une fois sauvé toujours sauvé » et l'expression « la persévérance des saints ». Je préfère de loin la seconde puisqu'elle est plus fidèle à la terminologie biblique. Il est vrai qu'une fois sauvés nous demeurons toujours sauvés, cependant cette expression donne l'impression que notre entrée au ciel se fera magiquement et facilement. Être sauvé pour toujours ne signifie pas qu'on puisse être chrétien tout en restant assis les bras croisés en attendant le retour du Seigneur. Les saints qui sont sauvés pour toujours vont persévérer dans la foi jusqu'à la fin, sinon ils ne sont pas sauvés.

L'Écriture nous rappelle que « c'est par beaucoup de tribulations qu'il nous faut entrer dans le royaume de Dieu. » (Ac 14.22) Le chemin de la vie éternelle n'est pas celui de la facilité et de l'indulgence ; c'est pourquoi nous devons remettre en question l'authenticité de la foi de ceux qui ne veulent pas passer par la porte étroite et le chemin resserré tout en prétendant être chrétiens (Mt 7.13-14). Nous sommes sauvés par la grâce, mais au moyen de la persévérance de la foi. Relisons ce que Pierre nous dit : « à vous qui, par la puissance de Dieu, êtes gardés par la foi ». C'est Dieu qui nous garde, cependant il nous garde par un moyen : la foi. La foi nous est donnée par Dieu, mais c'est nous qui l'exerçons. Nous devons croire et nous devons persévérer jusqu'à la fin pour être sauvés et cela est tout à fait compatible avec un salut entièrement par la grâce et la puissance de Dieu. C'est pourquoi, sans enseigner un salut par les œuvres, Paul peut dire :

> Ne savez-vous pas que les injustes n'hériteront point le royaume de Dieu? Ne vous y trompez pas : ni les impudiques, ni les idolâtres, ni les adultères, ni les efféminés, ni les infâmes, ni les voleurs, ni les cupides, ni les ivrognes, ni les outrageux, ni les ravisseurs, n'hériteront le royaume de Dieu. (1 Co 6.9-10)

Si quelqu'un pratique encore ces péchés, comment peut-il prétendre être chrétien? Il n'est pas question ici de commettre un péché d'idolâtrie ou d'adultère ou d'inconduite, mais de vivre dans ces péchés comme lorsque nous ne connaissions pas Christ.

L'Évangile par grâce ne favorise pas le péché, parce que dans le véritable Évangile il y a une loi. Nous ne sommes pas sauvés par la Loi, mais par l'Évangile, cependant l'Évangile n'est pas sans loi. Tous ceux qui sont sous la Nouvelle Alliance ont la Loi de Dieu écrite sur leur cœur par le Saint-Esprit. C'est pourquoi l'apôtre demande : « Nous qui sommes morts au péché, comment vivrions-nous encore dans le péché? » (Rm 6.2) Si nous sommes vraiment dans la Nouvelle Alliance, notre vie a changé, notre pensée a été renouvelée, notre volonté a été affranchie. Seulement, ce n'est pas nous qui avons produit ce changement, mais Dieu.

Un salut qui se perd et se retrouve à souhait entraînera la licence puisqu'on s'imaginera pouvoir profiter du meilleur des deux mondes en ayant un plein contrôle sur notre destinée. Tandis qu'un salut éternel qui ne s'obtient que par la grâce de Dieu changera efficacement et définitivement notre être. Sa grâce rendra certainement nos cœurs reconnaissants et obéissants autrement nous démontrons que nous ne l'avons jamais reçue. C'est le sens de la parabole du serviteur impitoyable (Mt 18.21-35). C'est également ce que Jésus veut dire en parlant de la femme pécheresse qui fut pardonnée « car elle a beaucoup aimé » (Lc 7.47). C'est aussi ce que l'apôtre déclare par ces mots « Si quelqu'un n'aime pas le Seigneur, qu'il soit anathème! » (1 Co 16.22) Lorsque nous recevons la grâce de Dieu, notre cœur est envahi par son amour et par la reconnaissance ; nous n'aimons plus le péché ; nous aimons Dieu.

Lecture supplémentaire

Lamentations 3.19-26

Chapitre 11

Solus Christus

Nous avons consacré plusieurs chapitres pour définir les doctrines de la grâce puisqu'elles sont centrales au salut. J'espère avoir bien démontré que le mot « grâce » ne se limite pas à la gratuité du salut, mais implique aussi sa causalité et son efficacité. Cette grâce est le joyau inestimable du christianisme. Nous abordons maintenant l'avant-dernier *sola* de la Réforme protestante : *solus Christus*. Le salut est par la foi seule, par la grâce seule parce qu'il est en Christ seul. « Hors de Christ point de salut ».

1. L'union avec Christ

Tout ce que nous avons affirmé jusqu'à présent repose sur l'union du croyant avec Jésus-Christ. L'élection, la vocation, la justification, la sanctification et la glorification sont « en Christ » (Ep 1.3 ; 1 Co 1.30). Ce n'est que par l'union à Jésus-Christ qu'il est possible de recevoir les grâces du salut. Il en est ainsi, car Christ est la tête fédérale de l'alliance de grâce. Dieu donne aux membres de l'alliance ce qu'il a promis de donner au chef de l'alliance.

Si quelqu'un n'est pas uni à Christ, il est uni à Adam et hérite de sa condamnation. Cependant, Dieu a envoyé un nouvel Adam, un dernier Adam puisqu'il n'y en aura plus jamais d'autres (1 Co 15.45-49), ce deuxième Adam c'est Jésus. Ceux qui sont unis à lui héritent de toutes les bénédictions qui lui ont été données : la vie éternelle, un royaume éternel, la gloire éternelle. Ces bénédictions étaient conditionnelles à l'obéissance parfaite de Jésus jusqu'à la mort. Son obéissance devient la nôtre par notre union avec lui, conséquemment nous devenons ses cohéritiers (Rm 8.17).

La question la plus importante est donc : comment puis-je être uni à Christ? De toute évidence, l'union au Christ est antécédente à notre propre existence : « En lui Dieu nous a élus avant la fondation du monde » (Ep 1.4). Cependant, l'union avec le Christ se manifeste toujours concrètement par la foi. Dieu accorde d'avance certaines bénédictions à ses élus en prévision de leur union avec son Fils, mais ce n'est que lorsqu'ils lui sont unis par la foi qu'ils reçoivent tous les bénéfices du salut. Voici comment le théologien Charles Hodge décrit cette réalité dans l'union avec Christ :

> Il y a effectivement une union fédérale entre Christ et son peuple, qui est fondée sur l'alliance de rédemption entre le Père et le Fils dans leurs conseils éternels. C'est pourquoi il est dit que nous étions en Lui avant la fondation du monde. Une des promesses de cette alliance était que ceux donnés par le Père au Fils viendraient à Lui ; que son peuple lui reviendrait au jour de sa puissance. C'est pourquoi Christ a été exalté à la droite de Dieu afin de donner la repentance et la rémission des péchés. Mais, comme l'Écriture nous l'apprend, il fut stipulé dans cette alliance que les

siens, en ce qui concerne les adultes du moins, ne recevraient pas les bénéfices salvifiques de cette alliance jusqu'à ce qu'ils lui soient unis par un acte volontaire de la foi. Ils sont « par nature des enfants de colère, comme les autres. » (Ep 2.3). Ils demeurent dans cet état de condamnation jusqu'à ce qu'ils croient. Leur union est consommée par la foi. Être en Christ et croire en Christ sont donc des expressions interchangeables dans les Écritures. Elles signifient substantiellement la même chose, c'est pourquoi les mêmes effets sont attribués à la foi que ceux qui sont attribués à l'union avec Christ[46].

Maintenant que nous avons considéré l'élément le plus fondamental du *solus Christus* : l'union avec Christ, examinons deux autres aspects : le salut par Christ seul et en Christ seul. Nous comparerons la doctrine réformée sur ces points avec d'autres compréhensions du salut.

2. Le salut par Christ seul

Généralement, les chrétiens reconnaissent qu'il n'y a de salut en aucun autre nom que celui de Jésus (Ac 4.12). Cependant, tous n'adhèrent pas nécessairement au *solus Christus* de la foi chrétienne.

La théologie catholique

L'Église catholique a toujours enseigné que le salut se trouve en Jésus-Christ seulement. Par contre, ce que cela signifie pour un catholique est bien différent que pour un

---

[46] Charles Hodge, *Systematic Theology*, vol. 3, Peabody, Hendrikson, 1997, p. 104.

protestant. En disant que le salut se trouve en Christ seul, les catholiques ne veulent pas dire que l'homme n'a pas à contribuer à son salut, mais qu'en Jésus-Christ, l'homme trouvera les provisions nécessaires pour accomplir son salut.

Vous avez probablement tous déjà entendu l'adage : « Hors de l'Église point de salut ». Cette expression résume l'idée selon laquelle les sacrements confèrent la grâce de Dieu pour l'obtention du salut. Comme c'est l'Église qui dispense les sacrements : hors de l'Église point de salut. Aux sacrements s'ajoutent les bonnes œuvres qui sont méritoires et c'est ainsi que le salut s'obtient. Cependant, ce salut n'est possible que par l'œuvre de Jésus-Christ, c'est donc en ce sens que les catholiques croient que le salut est en Christ seul.

Les réformateurs ont rejeté cette conception. Pour Luther, Calvin ou Zwingli, *solus Christus* signifie que l'œuvre de Jésus a tout accompli sans qu'on puisse y ajouter quoi que ce soit pour la compléter ou pour la rendre efficiente. La foi et les œuvres du croyant sont des effets de l'œuvre de Christ. Ainsi, les réformateurs ont rejeté l'idée qu'un prêtre ou quelque œuvre du croyant soient nécessaires pour obtenir la grâce. *Solus Christus* signifie que Christ seul a accompli le salut une fois pour toutes. Voici l'explication de Calvin :

> Jésus-Christ, en mourant, nous atteste que, par son sacrifice unique, tout ce qui concernait notre salut est achevé et totalement accompli. Nous est-il donc permis d'en ajouter, tous les jours, d'innombrables autres comme si celui de Jésus-

Christ était imparfait, bien qu'il nous en ait, de façon si claire, déclaré et certifié la perfection?

(...) Et la messe, qui a été instituée pour que tous les jours cent mille sacrifices soient offerts, à quoi tend-elle, si ce n'est à ce que la passion de Jésus-Christ, par laquelle il s'est offert lui-même au Père dans un seul sacrifice, s'en trouve ensevelie et supprimée?

(...) Des personnes plus subtiles ont encore un argument selon lequel la messe n'est pas un sacrifice nouveau, mais seulement une application du sacrifice unique. Mais il est également facile de réfuter cette finasserie. Jésus-Christ ne s'est pas offert une fois à condition que son sacrifice soit quotidiennement ratifié par des offrandes nouvelles, mais afin que le fruit nous en soit communiqué par la prédication de l'Évangile et l'usage de la cène. C'est pourquoi Paul, après avoir dit que « Christ, notre Pâque a été immolé », nous ordonne d'en manger (1 Corinthiens 5.7-8). C'est là le moyen par lequel le sacrifice de la croix de notre Seigneur Jésus nous est appliqué : lorsqu'il se communique à nous et que nous le recevons avec une vraie foi[47].

Selon la conception calviniste, le salut fut totalement achevé et accompli. L'application du salut ne procure pas la vie éternelle progressivement, mais immédiatement et

---

[47] Jean Calvin, *Institution de la religion chrétienne*, IV, XVIII, 3.

définitivement. Ce salut se communique par la proclamation de l'Évangile reçu dans la foi.

La théologie évangélique non réformée

Les milieux évangéliques, comme nous l'avons déjà vu, sont héritiers à la fois de la théologie de la Réforme et de courants religieux divers. Le libre arbitre d'Arminius, combiné au perfectionnisme de Wesley et au légalisme de Finney a résulté en un salut en partie de Christ et en partie du croyant. Beaucoup de chrétiens évangéliques croient que nous sommes effectivement justifiés grâce à l'œuvre de Christ, mais qu'il nous incombe de produire une sanctification. Selon cette conception, la sanctification n'est rien de plus qu'une discipline personnelle. Sous cet angle, la sanctification n'a rien de surnaturel, elle est une transformation naturelle. C'est ainsi que la sanctification en est venue à désigner principalement un changement de comportement : cesser de blasphémer, cesser de faire des excès de table, se lever tôt pour lire la Bible, mémoriser des versets, etc.

Comme cette discipline est entièrement notre responsabilité et qu'elle est en notre capacité, les plus négligents sont perçus comme des chrétiens charnels. Cette mauvaise compréhension de la grâce de la sanctification entraîne généralement une attitude légaliste et accusatrice. Après quelque temps, certains chrétiens n'arrivent plus à supporter cette tyrannie et deviennent complètement réfractaires à toute exhortation à la sainteté. Après avoir été abusés par une compréhension légaliste du salut, ils se réfugient vers une compréhension antinomienne du salut et rejettent les obligations de la loi en récitant leur mantra plusieurs fois par jour : « Je ne suis plus sous la loi, je suis sous la grâce... Je ne suis plus sous la loi, je suis sous la grâce... » Cette autre compréhension est tout aussi fausse que la première. Ils croient toujours à la sanctification, mais l'envisagent dorénavant comme le développement de l'estime de soi, de la tolérance, de l'humanisme, etc. Cette conception de la sanctification est différente de la conception légaliste, mais elle est identique sur au moins un point : la sanctification demeure une œuvre naturelle que le croyant fait. C'est pour cette raison que les milieux évangéliques sont devenus si enclins à se tourner vers la psychologie et les approches connexes par lesquelles s'opérerait la transformation intérieure... Chose certaine, ni les légalistes ni les antinomiens n'ont compris ce que signifie *solus Christus*.

Voici une question que Calvin pose à ceux qui conçoivent la sanctification de cette manière : « En quoi consiste le fondement que nous avons en Christ? A-t-il été le commencement de notre salut, afin qu'il nous appartienne de le compléter? Nous a-t-il seulement ouvert le chemin afin que nous le suivions ensuite, par nos propres forces?[48] »

La théologie évangélique réformée

Laissons l'apôtre Paul répondre à la question de Calvin : « Or, c'est par lui que vous êtes en Jésus-Christ, lequel, de par Dieu, a été fait pour nous sagesse, justice et sanctification et rédemption, afin, comme il est écrit, Que

---

[48] *Institution de la religion chrétienne*, III, XV, 5.

celui qui se glorifie se glorifie dans le Seigneur. »
(1 Co 1.30-31) La Bible n'enseigne pas que Christ nous
justifie et que nous nous sanctifions ; Christ nous justifie
et nous sanctifie. Les verbes « justifier » et « sanctifier »
sont toujours au passif lorsqu'ils désignent les croyants :
ils sont justifiés et sont sanctifiés. Jésus-Christ n'est pas
seulement celui qui amorce le salut, mais il est son auteur
du début à la fin.

Quel est donc notre rôle dans le salut? Avons-nous même
un rôle à jouer? Le salut est l'œuvre de Dieu, mais cette
œuvre prend place en nous. Nous nous sommes convertis
parce que Dieu a changé nos cœurs, cependant nous
avons personnellement vécu la repentance. Le fait que
nous vivons le salut uniquement de notre point de vue
peut parfois nous donner l'impression que nous avons
nous-mêmes produit des changements par notre volonté.
À la lumière de l'Écriture, cependant, nous voyons que, si
nous avons « accepté » le Seigneur, c'est parce qu'il nous a
acceptés (1 Jn 4.19) et que, si nous avons changé notre
manière de penser, c'est parce qu'il a renouvelé notre
intelligence (Rm 12.2) et que, si nous obéissons, c'est
parce qu'il nous a donné le vouloir et le faire (Ph 2.13).

Le salut est entièrement l'œuvre de Christ, mais ce salut
nous rend actifs et non passifs. Dieu aurait pu appliquer
un salut qui nous aurait rendus instantanément sans
péché, mais il a trouvé bon de nous appliquer un salut où
nous sommes transformés progressivement par un
processus dans lequel nous sommes actifs, conscients et
volontaires. Il y a certains éléments du salut dans lesquels
nous sommes absolument passifs : la rédemption par
exemple. Il y a d'autres éléments où nous sommes actifs et

devons participer : la sanctification par exemple. La sanctification c'est le processus par lequel nous devenons de plus en plus saints en conduite et en pensée. Ce n'est pas nous qui générons la sanctification, c'est le Seigneur. Sans sa puissance surnaturelle, notre sanctification ne pourrait pas avoir lieu. Nous pourrions, comme beaucoup d'hommes, nous discipliner, mais nous ne pourrions pas être sanctifiés ; il y a une grande différence entre ces deux réalités.

La sanctification consiste d'abord en un changement de la pensée. Ce changement s'opère par la puissance du Saint-Esprit qui, en gravant la loi dans notre cœur, nous convainc par la vérité et nous conscientise au péché. Ce changement est surnaturel et spirituel, il n'a rien à voir avec une thérapie quelconque, car il s'agit fondamentalement d'une œuvre intérieure par l'Esprit de Dieu. Nous commençons alors à éprouver du dégoût pour tout ce qui est contraire à la justice de Dieu et nous réalisons la turpitude de notre cœur. Nous avons un désir profond de changer, et nous changeons ; cependant, nous découvrons rapidement que notre corps est vendu au péché et que nous sommes incapables d'obéir parfaitement (Rm 7.14-25). À force d'être humiliés et pardonnés, la grâce de Dieu produit son effet et nous connaissons une réelle transformation de notre être. Cette transformation est bien plus qu'une simple discipline personnelle ou une rigueur pharisienne ; elle est un changement de l'intérieur vers l'extérieur et non extérieur seulement. Dans cette sanctification nous sommes actifs et obéissants, mais c'est le Seigneur qui génère la puissance et la grâce qui opèrent cette transformation extrême. C'est ce que Paul déclare :

« C'est à quoi je travaille, en combattant avec sa force, qui agit puissamment en moi. » (Col 1.29). Malgré sa mécanique, ma voiture ne peut avancer sans carburant ; cependant, elle ne génère pas elle-même ce carburant. Jésus déclare : « Celui qui demeure en moi et en qui je demeure porte beaucoup de fruit, car sans moi vous ne pouvez rien faire. » (Jn 15.5)

Ce processus de sanctification et de fructification se fait par la puissance de la vie de Jésus. C'est ce que nous montre l'Épître aux Hébreux :

> Jésus est par cela même le garant d'une alliance plus excellente. De plus, il y a eu des sacrificateurs en grand nombre, parce que la mort les empêchait d'être permanents. Mais lui, parce qu'il demeure éternellement, possède un sacerdoce qui n'est pas transmissible. C'est aussi pour cela qu'il peut sauver parfaitement ceux qui s'approchent de Dieu par lui, étant toujours vivant pour intercéder en leur faveur. (Hé 7.22-25)

Parfois, nous envisageons l'œuvre de Christ comme étant circonscrite au passé ; Christ ayant fini sa part du contrat, il ne lui reste plus qu'à attendre que nous nous acquittions de la nôtre… Christ a bien achevé l'œuvre de rédemption et celle-ci contient tout ce qui est nécessaire pour le salut. Cependant, même si « tout est accompli » Christ est encore actif.

Dans le passage ci-dessus, l'Épître aux Hébreux démontre que le système religieux de l'Ancienne Alliance ne pouvait pas fonctionner, car il reposait sur des sacrificateurs et des sacrifices défectueux. Une parfaite médiation était cependant nécessaire. La Nouvelle Alliance offre cette parfaite médiation, car Christ, en tant que grand-prêtre éternel, en est le garant. C'est pour cela que le salut fonctionne, que nous sommes en communion avec Dieu, que nos péchés sont continuellement pardonnés, que l'Esprit nous transforme de l'intérieur, que sa Parole est puissante dans nos vies et que nos prières sont efficaces. C'est parce que Christ est vivant et qu'il œuvre continuellement en notre faveur. La médiation n'est pas quelque chose de statique, mais c'est une œuvre continuelle. Quand Paul écrit : « il y a un seul Dieu, et aussi un seul médiateur entre Dieu et les hommes, Jésus-Christ homme » (1 Tm 2.5), il ne limite pas la médiation de Christ à sa mort ; sa médiation consiste à assurer le fonctionnement du salut présentement et éternellement. La théologie de la perte du salut ou du salut en partie par l'homme (synergisme) ne comprend pas l'œuvre de Christ. Christ est le grand prêtre suffisant et final. Il est toujours vivant pour intercéder en notre faveur.

Christ œuvre à notre salut actuellement. Comme il ne mourra jamais, il pourra poursuivre son œuvre jusqu'à notre glorification. « Je suis persuadé que celui qui a commencé en vous cette bonne œuvre la rendra parfaite pour le jour de Jésus-Christ. » (Ph 1.6) Nous travaillons à notre salut, mais ce salut n'a qu'un auteur : Christ (Hé 5.9). Notre justification est son œuvre et notre sanctification est aussi son œuvre. Comme le note Donald MacLeod, « [...] souvent le Nouveau Testament lie la croix non seulement avec la justification, mais avec la sanctification[49]. » Christ nous sanctifie parce qu'il nous a rachetés et parce que son sacrifice contient toutes les provisions nécessaires pour nous sanctifier continuellement jusqu'à ce que nous ne péchions plus, c'est-à-dire lorsque Christ achèvera son œuvre. C'est par grâce que nous sommes sanctifiés, par Jésus-Christ.

3. Le salut par la foi seule en Christ seul

Jusqu'ici j'ai tenté de démontrer que *solus Christus* signifie que notre salut est l'œuvre de Christ seul. Il y a cependant un deuxième aspect qui est implicite : l'exclusivité du salut en Christ. Christ est le seul auteur du salut et il n'y a pas d'autre salut que Christ. Ce qui signifie que tous ceux qui ne croient pas en Christ sont perdus. Plusieurs chrétiens trouvent cette doctrine injuste. Que Dieu condamne ceux qui rejettent Christ en toute connaissance de cause d'accord, mais qu'il condamne ceux qui n'ont jamais entendu parler de lui leur paraît inadmissible. Voici ce que le Dr Tony Evans, pasteur évangélique, écrit à cet effet : « Dieu ne serait pas juste s'il tenait des gens responsables pour ce qu'ils ne peuvent pas faire, et pour une connaissance qu'ils ne possèdent pas[50]. »

On propose donc une solution de rechange : Dieu sauverait par Christ des personnes qui n'ont pas la foi en Christ si elles sont sincères et s'efforcent de vivre le mieux qu'elles peuvent selon la lumière qu'elles ont reçue. Ainsi, au ciel tout le panthéon sera représenté, nous

---

[49] Donald MacLeod, *A Faith to Live By*, Ross-shire, Mentor, 1998, p. 99

[50] Tony Evans, *Totally Saved : Understanding, Experiencing and Enjoying the Greatness of Your Salvation*, Chicago, Moody Press, 2002, p. 355.

retrouverons : des bouddhistes, des hindouistes, des confucianistes, des musulmans et même des athées... sincères. Voilà où on aboutit en rejetant la théologie de la Bible telle que les réformateurs l'ont comprise. De plus en plus de chrétiens croient qu'il existe un salut sans la foi en Christ. Non pas un salut sans le Christ, disent-ils, mais un salut sans une foi consciente en lui. Selon cette théologie, beaucoup de gens qui ne connaissent pas Jésus maintenant rencontreront néanmoins leur Sauveur au ciel... Mais, comme Calvin le rappelle :

La vie éternelle, c'est qu'ils te connaissent, toi, le seul vrai Dieu et celui que tu as envoyé, Jésus-Christ (Jn 17.3) [...] C'est donc une énormité de la part de ceux qui ouvrent la porte du paradis à tous, incrédules et profanes, sans la grâce de Jésus-Christ, alors que l'Écriture enseigne qu'il est la seule porte du salut (Jn 10.9)[51].

Être sauvé c'est connaître Christ ; ceux qui ne le connaissent pas ne sont pas sauvés. Si je suis profondément dérangé par la mauvaise théologie de Tony Evans, ce n'est pas parce qu'étant "un méchant calviniste sans cœur" je veux que le moins d'âmes possible soient sauvées... Je suis dérangé de ce qu'au nom d'un "amour universel" on fasse fi de la Parole de Dieu dans le but de se conforter. Je suis aussi triste, sinon plus, que le Dr Evans devant ceux qui vont périr sans Christ et, parce que j'estime qu'ils ne peuvent être sauvés s'ils ne connaissent pas Christ, je tiens à leur déclarer la vérité par amour.

---

[51] *Institution de la religion chrétienne*, II, VI, 1.

Autrement, je me conforterais aussi dans de faux raisonnements et ne ferais rien pour ceux qui périssent puisque, s'ils sont sincères, ils ne périront pas! Heureusement que William Carey, Hudson Taylor ou encore David Brainerd ne croyaient pas au salut par la sincérité des pécheurs, autrement ils n'auraient pas tout quitté pour prêcher l'Évangile. Heureusement que ceux qui nous ont annoncé l'Évangile croyaient que seule la foi en Christ allait nous sauver et que notre sincérité n'était pas suffisante!

L'Écriture est sans équivoque : « Celui qui croit au Fils a la vie éternelle ; celui qui ne croit pas au Fils ne verra point la vie, mais la colère de Dieu demeure sur lui. » (Jn 3.36). « Comment donc invoqueront-ils celui en qui ils n'ont pas cru? Et comment croiront-ils en celui dont ils n'ont pas entendu parler? Et comment en entendront-ils parler, s'il n'y a personne qui prêche? Et comment y aura-t-il des prédicateurs, s'ils ne sont pas envoyés? » (Rm 10.14-15)

Rejeter l'Évangile est un péché, mais c'est un péché que seuls ceux qui ont entendu l'Évangile peuvent commettre. Ceux qui n'ont jamais entendu l'Évangile ne peuvent pas le rejeter, mais ils sont néanmoins condamnés pour leurs autres péchés pour lesquels ils n'ont aucune excuse. C'est la thèse de Paul en Romains 1, aucun homme ne peut fournir un plaidoyer pour justifier ses péchés devant Dieu, qu'il ait ou non entendu l'Évangile :

> Car ce qu'on peut connaître de Dieu est manifeste pour eux, Dieu le leur ayant fait connaître. En effet, les perfections invisibles de

Dieu, sa puissance éternelle et sa divinité, se
voient comme à l'œil, depuis la création du
monde, quand on les considère dans ses ouvrages.
Ils sont donc inexcusables, puisque ayant connu
Dieu, ils ne l'ont point glorifié comme Dieu, et
ne lui ont point rendu grâces ; mais ils se sont
égarés dans leurs pensées, et leur cœur sans
intelligence a été plongé dans les ténèbres.
(Rm 1.19-21)

La révélation que Dieu a faite à l'homme au travers de sa
création rend l'homme inexcusable pour son péché. Cette
révélation est suffisante pour punir, mais non pour
sauver ; elle rend tout homme sans excuse, mais non sans
condamnation. Le salut n'est révélé qu'en Jésus-Christ
seul et en Jésus-Christ crucifié. Tout le reste, à savoir la
sagesse des hommes, leurs philosophies, leurs cultures,
leurs croyances, leurs religions, sera anéanti...

Car la prédication de la croix est une folie pour
ceux qui périssent ; mais pour nous qui sommes
sauvés, elle est une puissance de Dieu. Aussi est-il
écrit : Je détruirai la sagesse des sages, et
j'anéantirai l'intelligence des intelligents. Où est
le sage? Où est le scribe? Où est le disputeur de ce
siècle? Dieu n'a-t-il pas convaincu de folie la
sagesse du monde? Car puisque le monde, avec sa
sagesse, n'a point connu Dieu dans la sagesse de
Dieu, il a plu à Dieu de sauver les croyants par la
folie de la prédication. (1 Co 1.18-21)

Depuis la chute de l'homme, un seul nom a été donné
pour obtenir le salut. Christ a été prêché dès que l'homme
a eu besoin d'être sauvé (Gn 3.15) ; il fut annoncé par des

promesses, des types et des ombres avant de venir lui-même dans le monde pour sauver des pécheurs. Tous ceux qui ont cru en son nom furent sauvés ; « Il n'y a de salut en aucun autre ; car il n'y a sous le ciel aucun autre nom qui ait été donné parmi les hommes, par lequel nous devions être sauvés. » (Ac 4.12)

Lecture supplémentaire

1 Jean 2 :20-29

Chapitre 12

Soli Deo Gloria, la gloire de Dieu

Lorsque nous comprenons que le salut est révélé par l'Écriture seule, qu'il est reçu par la foi seule, qu'il est causé par la grâce seule et qu'il est accompli par Christ seul ; il ne nous reste qu'une seule chose à dire : à Dieu seul la gloire! Nous aborderons le dernier *sola* sous deux angles : dans ce chapitre nous parlerons de la gloire de Dieu elle-même et dans les deux prochains chapitres, il sera question de l'adoration de l'homme en réponse à la gloire de Dieu.

Nous voici au point culminant de la foi chrétienne : la gloire de Dieu. *Soli Deo Gloria* n'est pas seulement le point d'arrivée d'une bonne théologie, mais également le point de départ : tout commence et tout termine avec la gloire de Dieu. « Écoute-moi, Jacob! Et toi, Israël, que j'ai appelé! C'est moi, moi qui suis le premier, C'est aussi moi qui suis le dernier. » (Es 48.12) Il est impossible d'imaginer un motif plus élevé que la gloire de Dieu. Ce motif est le fondement de la théologie réformée. R. C. Sproul Jr. écrit : « Parmi toutes les particularités de la foi réformée, rien ne la distingue plus que ses efforts pour comprendre toutes choses de manière à ce que Dieu seul reçoive la gloire[52]. » C'est ce qu'on appelle la théocentricité ou encore la doxologie. Le mot théocentrique veut dire centré sur Dieu. Dieu doit être au centre de tout : de notre théologie, de notre prédication, de notre adoration, de notre vie. Comme il est Dieu, cette place revient à lui seul, la donner à un autre est un sacrilège et un grave péché.

Le mot doxologie vient du grec *doxa* qui signifie gloire. Dans un culte, la doxologie c'est lorsqu'on proclame la gloire de Dieu. Les Psaumes sont remplis d'énoncés doxologiques :

> Ps 10.16   L'Éternel est roi à toujours et à perpétuité.

> Ps 28.7-8 L'Éternel est ma force et mon bouclier ; en lui mon cœur se confie, et je suis secouru ; j'ai de l'allégresse dans le cœur, et je le loue par mes chants. L'Éternel est la force de son peuple, il est le rocher des délivrances de son oint.

> Ps 66.4 Toute la terre se prosterne devant toi et chante en ton honneur ; elle chante ton nom.

> Ps 95.3 L'Éternel est un grand Dieu, il est un grand roi au-dessus de tous les dieux.

> Ps 96.4 L'Éternel est grand et très digne de louange, il est redoutable par-dessus tous les dieux.

---

[52] R. C. Sproul Jr., « Soli Deo Gloria », *After Darkness, Light*, Philipsburg, P&R, 2003, p. 191.

Ps 113.4-5 L'Éternel est élevé au-dessus de toutes les nations, sa gloire est au-dessus des cieux. Qui est semblable à l'Éternel, notre Dieu?

Si nous croyons réellement ce que nous proclamons dans notre doxologie, rien n'aura plus d'impact dans notre vie que la gloire de Dieu. « Dans son palais tout s'écrie : Gloire! » (Ps 29.9) Puisque nous sommes son temple, toute notre vie doit s'écrier « Gloire à Dieu! » Tout est ténèbres en comparaison avec sa gloire. Son nom est plus magnifique que tout ; et toutes les beautés de sa création tirent leur gloire de la sienne. Lui seul est digne d'adoration et de louanges. Toutes les créatures existent pour la gloire de Dieu. Le péché est grave parce qu'il s'oppose à la nature d'un Dieu glorieux.

Nous examinerons trois éléments de la doctrine de la gloire de Dieu. Premièrement, tout mérite et toute gloire lui reviennent. Deuxièmement, la raison d'être de toute chose est sa gloire. Troisièmement, Dieu a rétabli sa gloire par l'Évangile de la gloire.

1. À lui la gloire

Paul, après avoir expliqué que le salut est entièrement en Jésus-Christ et par Jésus-Christ, conclut : « Que celui qui se glorifie se glorifie dans le Seigneur. » (1 Co 1.31) « À Dieu la gloire! » C'est la seule chose que nous pouvons dire pour notre salut. Puisqu'il est le seul auteur du salut, le Seigneur est aussi le seul récipiendaire des éloges qui sont dus pour cette œuvre. La théologie de Pélage et celle d'Arminius ont vainement tenté d'insérer dans le salut une part qui revient à l'homme. Si l'homme, par ses œuvres ou son libre arbitre, contribue à son salut, il a sujet de se glorifier. Dieu déclare : « Je suis l'Éternel, c'est là mon nom ; Et je ne donnerai pas ma gloire à un autre, Ni mon honneur aux idoles. » (Es 42.8)

L'homme est un fabricant d'idoles ; il s'est toujours façonné des dieux pour leur donner la gloire de Dieu (Rm 1.23-25). Dès qu'ils sont sortis d'Égypte, les Israélites « se sont fait un veau en fonte, ils se sont prosternés devant lui, ils lui ont offert des sacrifices, et ils ont dit : Israël! Voici ton dieu, qui t'a fait sortir du pays d'Égypte. » (Ex 32.8) Ils attribuèrent à la créature la gloire de leur salut. Une bonne partie de l'Église chrétienne n'a pas fait mieux ; croyant que leurs œuvres, leur sueur et leur sang leur acquéraient la rédemption, plusieurs se sont attribué la gloire de leur salut. Même chez les héritiers de la Réforme, certains se façonnèrent une idole qu'ils appelèrent « libre arbitre » et dirent : « Voici ton dieu qui t'a fait sortir du péché ». Ils attribuèrent à la créature la gloire du salut. Une erreur sotériologique mène immanquablement à une erreur théologique ; c'est pourquoi les doctrines de la grâce sont si fondamentales puisqu'elles mènent à l'adoration du vrai Dieu. Le salut est révélé par l'Écriture seule, reçu par la foi seule, causé par la grâce seule, accompli par Christ seul et la gloire revient à Dieu seul!

L'apôtre Jean termine abruptement sa première épître par un avertissement : « Petits enfants, gardez-vous des idoles. » (1 Jn 5.21) N'allons pas croire que parce que nous sommes des enfants de Dieu régénérés nous sommes absolument à l'abri des idoles. Une compréhension fausse du salut mène inéluctablement aux idoles. C'est dans un oracle annonçant le salut que l'Éternel déclare qu'il ne partagera pas sa gloire :

> Ainsi parle Dieu, l'Éternel, qui a créé les cieux et qui les a déployés, qui a étendu la terre et ses productions, qui a donné la respiration à ceux qui la peuplent, et le souffle à ceux qui y marchent. Moi, l'Éternel, je t'ai appelé pour le salut, et je te prendrai par la main, je te garderai, et je t'établirai pour traiter alliance avec le peuple, pour être la lumière des nations, pour ouvrir les yeux des aveugles, pour faire sortir de prison le captif, et de leur cachot ceux qui habitent dans les ténèbres. Je suis l'Éternel, c'est là mon nom ; et je ne donnerai pas ma gloire à un autre, ni mon honneur aux idoles. (Es 42.5-8)

Si nous attribuons à notre propre volonté la cause de notre salut, nous prenons la gloire de Dieu pour la donner à une idole. Si nous croyons que la cause de notre élection vient du fait que nous avons rempli une condition que d'autres n'ont pas remplie, nous prenons la gloire de Dieu pour la donner à une idole. L'Éternel déclare : « C'est moi, moi qui efface tes transgressions pour l'amour de moi » (Es 43.25). La théologie du salut par les œuvres, du salut par le libre arbitre et de la perte du salut donne la gloire de Dieu à l'homme. Lorsque l'apôtre écrit : « Nous tous aussi, nous étions de leur nombre » (Ep 2.3), en désignant ceux qui sont morts dans leurs péchés ; il n'attribue qu'à Dieu seul le fait que nous ne sommes plus de leur nombre. Voici comment il poursuit :

> Mais Dieu, qui est riche en miséricorde, à cause du grand amour dont il nous a aimés, nous qui

167

étions morts par nos offenses, nous a rendus à la vie avec Christ (c'est par grâce que vous êtes sauvés) ; il nous a ressuscités ensemble, et nous a fait asseoir ensemble dans les lieux célestes, en Jésus-Christ, afin de montrer dans les siècles à venir l'infinie richesse de sa grâce par sa bonté envers nous en Jésus-Christ. Car c'est par la grâce que vous êtes sauvés, par le moyen de la foi. Et cela ne vient pas de vous, c'est le don de Dieu. Ce n'est point par les œuvres, afin que personne ne se glorifie. Car nous sommes son ouvrage, ayant été créés en Jésus-Christ pour de bonnes œuvres, que Dieu a préparées d'avance, afin que nous les pratiquions. (Ep 2.4-10)

À quel endroit Paul affirme-t-il que nous avons eu la brillante idée de ne plus être du nombre de ceux qui périssent? Dieu est le seul auteur du salut. À lui seul la gloire! Cela est vrai du don du salut, mais également de tous les autres dons puisque « toute grâce excellente et tout don parfait descendent d'en haut » (Jc 1.17). C'est pourquoi l'apôtre Paul pose cette question : « Car qui est-ce qui te distingue? Qu'as-tu que tu n'aies reçu? Et si tu l'as reçu, pourquoi te glorifies-tu, comme si tu ne l'avais pas reçu? » (1 Co 4.7) Y a-t-il une seule qualité, un seul don ou une seule chose que nous n'ayons pas reçue? « C'est de lui, par lui, et pour lui que sont toutes choses. À lui la gloire dans tous les siècles! Amen! » (Rm 11.36) Si la moindre chose vient de Lui, combien plus en est-il du plus grand don qui soit, à savoir le salut en Jésus-Christ?

2. Tout existe pour sa gloire

L'homme doit apprendre à dire « Gloire à Dieu! » en toute chose. Maintenant, si toute la gloire lui revient, c'est parce que tout existe pour sa gloire. Quel est le but ultime de tout ce qui existe? Réponse : glorifier Dieu! Les choses n'existent pas par elles-mêmes ni pour elles-mêmes, mais tout existe pour Dieu et pour sa gloire. Dieu déclare à Israël que toutes ses actions envers cette nation n'ont qu'un motif : sa propre gloire.

> C'est pour l'amour de moi, pour l'amour de moi, que je veux agir ; car comment mon nom serait-il profané? Je ne donnerai pas ma gloire à un autre. Écoute-moi, Jacob! et toi, Israël, que j'ai appelé! C'est moi, moi qui suis le premier, c'est aussi moi qui suis le dernier. Ma main a fondé la terre, et ma droite a étendu les cieux : je les appelle, et aussitôt ils se présentent. (Es 48.11-13)

Dans une longue correspondance avec un non-croyant, je lui ai affirmé que, contrairement à sa conception déiste de la création, Dieu n'avait pas créé le monde par nécessité d'aimer ou d'être aimé parce qu'il serait mort de solitude sans les créatures qu'il a faites. Dieu est éternellement autosuffisant étant à la fois trois et un. Il m'a alors demandé pourquoi Dieu avait créé si ce n'était pas par nécessité. Je lui ai répondu que Dieu a tout fait selon son bon plaisir et que tout n'existe que pour sa gloire seule ; non pas parce que Dieu en avait besoin, mais parce que Dieu l'a bien voulu et que cela lui a plu. Voici ce qu'il m'a répondu : « Un Dieu qui crée uniquement pour son bon plaisir est nettement plus égoïste qu'un Dieu qui crée par besoin d'aimer et d'être aimé… Un tel Dieu n'est pas seulement égoïste : il est hédoniste! » C'est l'impression qu'ont quelques-uns en lisant Ésaïe 48.11.

Voici ce que je lui ai répondu : « Même si Dieu crée pour son bon plaisir, ce bon plaisir n'est pas comparable à notre plaisir égoïste. Le bon plaisir de Dieu qui a donné lieu à notre existence est totalement gratuit et bienveillant. Il ne pourrait exister une raison plus noble ou plus élevée que la gloire de Dieu. Nous existons pour ce qu'il y a de plus saint et de plus glorieux et nous ne devons pas entendre les expressions « son bon plaisir » ou « sa gloire » comme ce qu'elles signifieraient s'il était question d'un être corrompu, égoïste, vaniteux. Par définition, son plaisir est bon. De plus, puisque Dieu est autarcique, il n'avait pas besoin de nous créer pour sa satisfaction ou pour augmenter sa gloire. Mais en nous créant, il s'est abaissé d'une manière splendide et nous a offert une grâce inimaginable. Cette perspective aggrave encore plus la rébellion de l'homme envers son Créateur bienfaisant. »

Relisons l'oracle d'Ésaïe : « C'est pour l'amour de moi, pour l'amour de moi, que je veux agir ; Car comment mon nom serait-il profané ? Je ne donnerai pas ma gloire à un autre. » Quel motif pourrait être plus noble, plus pur, plus sublime, plus saint que la gloire de Dieu? Le bonheur de la créature? Le besoin de Dieu d'avoir des créatures? Dès que nous donnons à une chose une autre raison d'être que la gloire de Dieu, nous la profanons. Rien n'est plus salutaire pour les créatures que d'exister pour la gloire de Dieu, c'est alors qu'elles sont parfaites comme elles doivent l'être. Elles deviennent imparfaites en voulant exister pour autre chose que pour Dieu. Dieu ne laissera pas son nom être profané et sa gloire être livrée aux idoles. Tout a été fait pour sa gloire, tout doit donc glorifier son nom ; même les choses les plus banales : « Soit donc que vous mangiez, soit que vous buviez, soit que vous fassiez quelque autre chose, faites tout pour la gloire de Dieu.» (1 Co 10.31). Quand nous n'agissons pas pour la gloire de Dieu, nous sommes idolâtres.

L'idolâtrie n'est-elle pas le premier péché? Le péché qui entraîne tous les autres péchés? Le premier commandement dit : « Tu n'auras pas d'autres dieux devant ma face» (Ex 20.3). Les neuf autres commandements dépendent de celui-ci. Tout est parfait lorsque tout honore Dieu et lui obéit. Le chaos est entré dans le monde lorsque l'homme a cessé de se prosterner devant le Créateur pour se prosterner devant la créature. L'idolâtrie est la racine de tout péché. Puisque tout a été fait pour la gloire de Dieu et que tout ne glorifie pas Dieu en ce moment, cela n'entraîne-t-il pas un problème cosmologique majeur? L'état actuel des choses n'est-il pas anormal et aberrant? Il n'y a pas de plus grave problème que les idoles et que la prétention des créatures d'exister pour un autre but que pour la gloire de leur Créateur. Comment Dieu voit-il ce problème et surtout comment le traite-t-il? C'est ce que nous allons voir dans notre prochain point.

3. L'Évangile de la gloire

Nous retrouvons l'expression « l'Évangile de la gloire de Dieu» dans quelques passages du Nouveau Testament (2 Co 4.4 ; 1 Tm 1.11). Dans les milieux évangéliques, nous considérons généralement que l'Évangile est la réponse de Dieu à la misère de l'homme. Cette conception n'est pas fausse, mais elle est loin d'être complète, et elle peut donner l'impression que l'homme est une pauvre victime et non un rebelle coupable.

L'Évangile est d'abord et avant tout la réponse de Dieu pour le rétablissement de sa gloire. D'où l'expression « l'Évangile de la gloire de Dieu ». L'enjeu au cœur de l'Évangile n'est pas le salut de l'homme, mais la gloire de Dieu. Le salut de l'homme résulte d'un objectif supérieur de Dieu : glorifier son nom. La réputation de Dieu a été attaquée, son nom a été profané ; il était hors de question que Dieu ne réponde pas à cet affront. Heureusement que Dieu a répondu à cet affront, puisque notre plus grand bien-être en dépend. Cette réponse fut l'Évangile. L'Évangile de Jésus-Christ est la réponse de Dieu en vue d'une manifestation totale et définitive de sa gloire.

Parfois, nous limitons l'Évangile à l'œuvre de rédemption ; c'est une erreur. Paul inclut également le jugement final dans l'Évangile : « C'est ce qui paraîtra [la loi de Dieu jugeant toute action] au jour où, selon mon Évangile, Dieu jugera par Jésus-Christ les actions secrètes des hommes. » (Rm 2.16) Dans sa prédication devant les Athéniens, le même apôtre présente le jugement final comme faisant partie de l'Évangile et déclare que l'autorité de ce jugement fut octroyée à Christ par sa résurrection :

> Dieu, sans tenir compte des temps d'ignorance, annonce maintenant à tous les hommes, en tous lieux, qu'ils aient à se repentir, parce qu'il a fixé un jour où il jugera le monde selon la justice, par

l'homme qu'il a désigné, ce dont il a donné à tous une preuve certaine en le ressuscitant des morts. (Ac 17.30-31)

L'Évangile de la gloire de Dieu rétablit donc la gloire divine sur la création tout entière de deux façons. Premièrement, par la rédemption, Dieu s'est acquis un peuple saint sur lequel il règne à jamais. Ce peuple acquis sert à annoncer les vertus de celui qui l'a appelé (1 P 2.9) ; c'est-à-dire à glorifier Dieu. Deuxièmement, par la condamnation, Dieu rétablira sa gloire en ne laissant aucune injustice impunie et aucune créature insoumise. Le paradis et l'enfer existent à la louange de la gloire de Dieu. Ce n'est donc pas l'homme qui est au centre de l'Évangile de la rédemption et de la condamnation, c'est la gloire de Dieu. C'est pour cette raison que l'Écriture l'appelle « l'Évangile de la gloire du Dieu bienheureux » (1 Tm 1.11). Ce double effet de l'Évangile de la gloire est déclaré sans ambages par l'Écriture : « Et que dire, si Dieu, voulant montrer sa colère et faire connaître sa puissance, a supporté avec une grande patience des vases de colère formés pour la perdition, et s'il a voulu faire connaître la richesse de sa gloire envers des vases de miséricorde qu'il a d'avance préparés pour la gloire ? » (Rm 9.22-23)

L'Éternel, le Créateur et le Rédempteur, a prêté serment : « Je le jure par moi-même, La vérité sort de ma bouche et ma parole ne sera point révoquée : Tout genou fléchira devant moi, Toute langue jurera par moi. » (Es 45.23) Au moment où il fit ce serment, les croyants ne savaient pas encore comment Dieu rétablirait sa gloire sur sa création. Des siècles plus tard, Dieu manifesta comment :

> Ayant paru comme un simple homme, il s'est humilié lui-même, se rendant obéissant jusqu'à la mort, même jusqu'à la mort de la croix. C'est pourquoi aussi Dieu l'a souverainement élevé, et lui a donné le nom qui est au-dessus de tout nom, afin qu'au nom de Jésus tout genou fléchisse dans les cieux, sur la terre et sous la terre, et que toute langue confesse que Jésus-Christ est Seigneur, à la gloire de Dieu le Père. (Ph 2.8-11)

C'est par Jésus-Christ que Dieu a réglé le plus grave problème de l'univers en rétablissant toute chose par lui. Toutes les créatures se prosterneront à nouveau et confesseront la gloire de Dieu par Christ. Qu'elles soient au paradis ou en enfer, toutes ses créatures le glorifieront pour l'éternité. Tel est l'Évangile de la gloire que Dieu nous a confié. Annonçons à tout homme que Christ est Seigneur et Roi et qu'ils ont intérêt à se prosterner devant lui : « Baisez le fils, de peur qu'il ne s'irrite, Et que vous ne périssiez dans votre voie, Car sa colère est prompte à s'enflammer. Heureux tous ceux qui se confient en lui! » (Ps 2.12) Malheur à ceux qui se révoltent contre le Fils, mais heureux tous ceux qui se confient en lui! Proclamons fidèlement cet Évangile pour la gloire de notre Seigneur, car bientôt nous paraîtrons devant lui.

Lecture supplémentaire

Ésaïe 45.5-25

Chapitre 13

Soli Deo gloria, l'adoration en Église

Pour communiquer la foi chrétienne aux enfants et aux nouveaux croyants, les théologiens réunis à Westminster de 1643 à 1649 rédigèrent le Petit catéchisme de Westminster. Voici la première question de ce catéchisme :

> Q. Quel est le but suprême de la vie de l'homme?

> R. Le but suprême de la vie de l'homme est de glorifier Dieu et de trouver en lui son bonheur éternel.

Ceci correspond exactement au plus important commandement que l'Écriture nous donne : « Tu aimeras le Seigneur, ton Dieu, de tout ton cœur, de toute ton âme, de toute ta pensée, et de toute ta force. » (Mc 12.30). Certains ont peut-être l'impression que la théologie réformée est sclérosée par un dogmatisme rigide et une tradition stérile où il n'y a aucune passion pour Dieu et où les émotions sont systématiquement étouffées comme d'étranges phénomènes… Rien n'est plus faux! La piété réformée est animée d'une dévotion profonde envers Dieu et incite les chrétiens à trouver leur bonheur en

Dieu seul. *Solus Deus felicitas est,* en Dieu seul est le bonheur!

Dans le chapitre précédent, nous avons présenté le dernier *sola* : *soli Deo gloria.* Jusqu'à présent nous avons abordé ce *sola* sous l'angle de la gloire de Dieu. Nous avons vu que toute gloire lui revient parce que tout a pour but de le glorifier. Puis nous avons vu que l'Évangile est un rétablissement de sa gloire par sa miséricorde et son jugement. Dans ce chapitre-ci, nous aborderons le *soli Deo Gloria* sous l'angle de l'adoration que l'homme doit à Dieu. Il y a un lien logique et théologique entre la gloire de Dieu et l'adoration de l'homme. Il est impossible de parler de l'être glorieux qu'est Dieu sans parler de l'impact que sa gloire a sur ses créatures.

Certains, devant la doctrine de la gloire de Dieu, sont dérangés et demandent si Dieu n'est pas l'être le plus égoïste de tout l'univers? Car en plus d'aimer jalousement sa propre gloire et d'y prendre plaisir, il exige qu'il en soit ainsi de toutes ses créatures. Comprenons que, si Dieu existait pour autre chose que sa gloire, il serait aussi idolâtre que nous lorsque nous tentons d'exister pour autre chose que pour lui. Si Dieu ne peut trouver de motif plus noble et plus glorieux que sa gloire, comment le pourrions-nous? John Piper explique que le bonheur de l'homme doit être en Dieu, puisque le bonheur de Dieu est en lui-même :

> Puisque Dieu est unique en tant qu'être parfaitement glorieux qui se suffit totalement à lui-même, il doit exister pour lui-même s'il veut exister pour nous. On ne peut appliquer au

Créateur les lois de l'humilité valables pour les créatures. Si Dieu se détournait de lui-même comme source infinie de joie, il cesserait d'être Dieu. Il renierait la valeur infinie de sa gloire. Cela impliquerait qu'il existe quelque chose d'extérieur à lui-même qui serait plus précieux que lui. Dieu deviendrait ainsi idolâtre. Cela ne nous serait d'aucun avantage. En effet, qu'aurions-nous à attendre d'un Dieu devenu injuste? [...] À qui adresser notre adoration si Dieu lui-même avait cessé de revendiquer la beauté et la dignité infinies[53]?

De par son statut de Créateur, Dieu est digne de l'adoration de toutes ses créatures. Refuser de l'adorer est un péché. Nous aborderons en deux parties la réponse de l'homme à la gloire de Dieu. Dans ce chapitre nous considérerons l'adoration en Église et dans le suivant la vie des adorateurs.

1. L'adoration de Dieu en Église

L'adoration de Dieu en Église est essentielle à une vraie adoration. Des croyants qui n'adorent pas Dieu avec le peuple de Dieu n'honorent pas Dieu convenablement et lui désobéissent. Dieu a envoyé son Fils dans le monde afin « de se faire un peuple qui lui appartienne, purifié par lui et zélé pour les bonnes œuvres. » (Tt 2.14) Parmi ces bonnes œuvres figure l'adoration. Notre conception de l'adoration est parfois si limitée à l'adoration individuelle, qu'il arrive que l'adoration en Église soit comparable à un

---

[53] John Piper, *Prendre plaisir en Dieu : Réflexion d'un hédoniste chrétien*, Québec, La Clairière, 1995, p. 29.

rassemblement d'adorateurs où chacun, détaché de tous les autres, adore individuellement. Il y a une place pour l'adoration individuelle, c'est ce que nous verrons dans le prochain chapitre ; mais il est impératif qu'une Église sache adorer Dieu ecclésialement. Pour ce faire, il faut que l'attention de tous les adorateurs rassemblés soit dirigée au même endroit et il faut que l'adoration soit offerte de la manière exigée par Dieu.

L'adoration n'est pas simplement l'expression spontanée d'émotions vives envers Dieu. L'adoration, d'après l'Écriture, est quelque chose de structuré qui a lieu dans un culte ordonné (1 Co 14.40). Réalisons le privilège de faire partie de l'assemblée des fidèles réunis expressément dans le but d'adorer Dieu, autrement nous n'éprouverons pas de joie à venir adorer Dieu. David s'écrie : « Je suis dans la joie quand on me dit : Allons à la maison de l'Éternel! » (Ps 122.1) Pourquoi David est-il dans la joie? Parce qu'il sait que Dieu est présent au milieu de son peuple lorsqu'il s'assemble pour l'adorer. « Tu sièges au milieu des louanges d'Israël. » (Ps 22.4)

Plusieurs personnes viennent au culte d'adoration dans l'attente de passer un moment agréable. Ils pensent que les chants ont pour but de leur procurer un sentiment de bien-être et de réconfort et que la prédication a pour but de les toucher. Une telle conception du culte place l'homme au centre plutôt que Dieu et mène inévitablement à la recherche égoïste de son propre bien-être plutôt qu'à la recherche de la gloire de Dieu. La seule façon de faire véritablement du bien à l'homme c'est en l'amenant à vivre pour la gloire de Dieu et à n'adorer que lui seul. Nous devons donc nous oublier complètement pour nous concentrer sur Lui seul lorsque nous l'adorons.

Certaines personnes ne semblent jamais satisfaites du culte, peu importe l'Église où elles vont. Ceux qui n'éprouvent pas une joie immense et un profond attachement à s'assembler avec le peuple de Dieu, à écouter la Parole de Dieu, à chanter des cantiques à la gloire de Dieu et à élever des prières devant le trône divin, ne vont pas à l'Église pour adorer Dieu. Elles y vont peut-être pour voir leurs amis ou par obligation ou pour entendre un sermon dynamique ou pour ressentir des émotions agréables ou pour je ne sais quelle autre raison, mais leur objectif premier n'est pas d'adorer Dieu, autrement ces gens seraient dans la joie, comme David le décrit. Voici ce que John Piper écrit sur le plaisir de l'adoration :

> L'hédonisme chrétien sait que la conscience de soi tue la joie et donc l'adoration par la même occasion. Dès que vous tournez votre regard sur vous-même et que vous vous rendez compte consciemment que vous éprouvez la joie, celle-ci s'envole. L'hédoniste chrétien sait que le secret de la joie réside dans l'oubli de soi. Certes, nous allons au musée pour la *joie* de contempler des tableaux. Mais l'hédonisme chrétien nous met en garde : Fixez toute votre attention sur les tableaux, et non sur vos émotions, sinon vous gâchez toute l'expérience. C'est pourquoi, dans

l'adoration, il y a une orientation nettement marquée vers Dieu, et non vers nous-mêmes[54].

Nous pourrions écrire un livre complet sur la question du culte d'adoration. Vous comprendrez donc que ce chapitre ne couvrira pas tout ce qui devrait être dit sur la manière d'adorer Dieu en Église. Cependant, j'aimerais brièvement expliquer deux caractéristiques de l'adoration en Église.

2. Le principe régulateur

Durant le Moyen-âge, l'Église chrétienne avait accumulé toutes sortes de traditions, de pratiques et de superstitions et avait introduit plusieurs idoles dans l'adoration : des images, des reliques, des saints, etc. Lors de la Réforme, le Seigneur fit à nouveau un grand ménage dans le temple par sa Parole. Les réformateurs se sont retrouvés devant cette importante question : que doit-on conserver dans le culte et que doit-on mettre à la poubelle? Cette question en amenait une autre : sur quel principe doit-on déterminer ce qui est à conserver et ce qui est à rejeter?

Martin Luther et Jean Calvin ont appliqué deux principes différents dans le but d'épurer le culte d'adoration. Luther a appliqué ce qu'on a nommé le principe normatif. Il a décidé de rejeter du culte tout ce qui était formellement interdit par la Parole de Dieu. Calvin a appliqué ce qu'on a appelé le principe régulateur ; il a rejeté du culte tout ce qui n'était pas expressément commandé par la Parole de Dieu. Ce que doit contenir un culte d'adoration selon ces

---

[54] *Ibid.*, p. 80, note 4.

deux hommes se résume ainsi : pour Luther, ce qui n'est pas interdit est permis, tandis que pour Calvin, ce qui n'est pas exigé est interdit, ou encore n'est permis que ce qui est exigé. L'approche de Luther permet à l'homme d'innover dans la manière d'adorer Dieu, tandis que l'approche de Calvin considère que l'Écriture est entièrement suffisante pour nous dire comment adorer Dieu sans les innovations de l'homme, parce que cette approche croit que Dieu seul est compétent pour définir l'adoration qui lui est due.

Je ne pense pas que Luther cautionnerait toutes les innovations qu'on retrouve aujourd'hui dans certaines Églises dites évangéliques. Il y a à peine deux semaines, un frère me racontait comment il avait été ébranlé après avoir visité une Église à Montréal. Les chants étaient plutôt une performance musicale aux allures d'un spectacle et le pasteur n'a pas vraiment prêché la Parole, mais a présenté plusieurs courtes vidéos sur You Tube desquelles il tirait des leçons pour la vie chrétienne. Ces choses sont aujourd'hui monnaie courante dans des Églises qui, il y a à peine une décennie, étaient encore très attachées aux Écritures.

Je ne désire pas entrer dans une critique approfondie des approches contemporaines sur l'adoration. Je crois qu'une simple compréhension du principe régulateur sera suffisante pour nous garder des nombreux écueils au travers desquels nous avons maintenant à naviguer. Voici ce que dit le premier paragraphe du chapitre sur l'adoration qui est identique dans les confessions des presbytériens, des congrégationalistes et des baptistes :

> Mais, quant à la manière de lui rendre un culte, c'est Dieu lui-même qui l'a ordonnée et précisée, par sa volonté révélée, de sorte qu'aucun culte ne peut lui être rendu selon l'imagination et les méthodes des hommes ni selon les suggestions de Satan, sous quelque représentation que ce soit, ou de quelque autre manière non prescrite dans les Saintes Écritures[55].

Le culte que Dieu exigeait sous l'Ancienne Alliance était différent de celui qu'il exige sous la Nouvelle Alliance ; Israël devait se conformer à bien des exigences qui ne sont plus en vigueur pour l'Église. Cependant, un principe demeure pour ces deux alliances : « Vous observerez et vous mettrez en pratique toutes les choses que je vous ordonne ; vous n'y ajouterez rien, et vous n'en retrancherez rien. » (Dt 12.32). Sous la Nouvelle Alliance sommes-nous subitement autorisés à ajouter des choses que Dieu ne nous a pas ordonnées? Le Nouveau Testament invite les Églises à la prudence dans leur manière de servir Dieu dans son temple (Hé 12.28-29), leur rappelant que leur œuvre sera bientôt éprouvée par le feu de Dieu (1 Co 3.10-17).

Pour nous inciter à la prudence, rappelons-nous l'histoire de Nadab et Abihu, les deux fils d'Aaron. Il s'agissait du jour d'inauguration de la prêtrise d'Aaron et de ses fils. C'était un jour de culte où la gloire de Dieu était célébrée par tout le peuple. Aaron offrit son premier sacrifice conformément à la Parole transmise par Moïse, après quoi ses deux fils devaient s'approcher à leur tour :

---

[55] *La Confession de foi baptiste de Londres de 1689*, 22.1.

Et la gloire de l'Éternel apparut à tout le peuple. Le feu sortit de devant l'Éternel, et consuma sur l'autel l'holocauste et les graisses. Tout le peuple le vit ; et ils poussèrent des cris de joie, et se jetèrent sur leur face. Les fils d'Aaron, Nadab et Abihu, prirent chacun un brasier, y mirent du feu, et posèrent du parfum dessus ; ils apportèrent devant l'Éternel du feu étranger, ce qu'il ne leur avait point ordonné. Alors le feu sortit de devant l'Éternel, et les consuma : ils moururent devant l'Éternel. (Lv 9.23-10.2)

Quel mal ont-ils fait? La seule précision que le texte nous donne est que ces deux jeunes sacrificateurs offrirent quelque chose qui ne leur avait point été ordonné. Non pas qu'ils offrirent quelque chose que l'Éternel avait expressément interdit, mais quelque chose que l'Éternel n'avait pas expressément commandé. Quelqu'un m'a déjà dit que ce texte n'était pas valide pour justifier le principe régulateur d'adoration puisqu'il s'agit d'un texte de l'Ancien Testament. Eh bien, quel texte du Nouveau Testament nous permet d'offrir en adoration quelque chose que Dieu n'a pas exigé? Dieu acceptera-t-il du feu étranger parce que nous sommes sous la Nouvelle Alliance? Quel genre d'offrande apportons-nous devant l'Éternel? Agrée-t-il nos sacrifices et notre culte? Sachons ceci : « l'œuvre de chacun sera manifestée ; car le jour la fera connaître, parce qu'elle se révèlera dans le feu, et le feu éprouvera ce qu'est l'œuvre de chacun. » (1 Co 3.13). Adorons Dieu de la façon dont il nous a commandé par sa Parole sans rien y ajouter et sans rien y retrancher, c'est tout ce qui nous est demandé. Ce qui nous mène à notre prochain point : non seulement Dieu exige que son Église l'adore selon sa Parole, mais il lui a également donné un jour particulier pour se rassembler pour l'adorer ainsi.

3. Le jour du Seigneur

Depuis la création du monde, Dieu a consacré un jour sur sept qui lui appartienne. L'origine du sabbat ne remonte donc pas à la loi de Moïse pour se limiter au peuple juif, mais remonte à la création et concerne tous les êtres humains. Le commandement du sabbat n'appartenait pas à la loi cérémonielle qui est maintenant révolue, mais à la loi morale dont aucun iota ne tombera jusqu'à la fin du monde. Ce commandement fait partie des dix commandements qui résument la volonté parfaite de Dieu pour nos vies selon ce qui est écrit :

> Si nous gardons ses commandements, par là nous savons que nous l'avons connu. Celui qui dit : Je l'ai connu, et qui ne garde pas ses commandements, est un menteur, et la vérité n'est point en lui. Mais celui qui garde sa parole, l'amour de Dieu est véritablement parfait en lui : par là nous savons que nous sommes en lui. (1 Jn 2.3-5)

Les sabbats qui commémoraient les fêtes juives et les grands jours ont été abrogés sous la Nouvelle Alliance (Col 2.16-17). Cependant, les apôtres ont continué à observer et à mettre à part un jour sur sept pour le consacrer à Dieu. Ils se réunissaient et commandaient à l'Église de se réunir « le premier jour de la semaine » (Ac 20.7 ; 1 Co 16.2). Le premier jour de la semaine marquait le jour de la résurrection de Christ, un événement fondateur de la Nouvelle Alliance et de la nouvelle création. Il était normal qu'une nouvelle création vienne avec un nouveau sabbat (Hé 4.9-10)[56].

Les apôtres désignèrent le premier jour de la semaine comme étant « le Jour du Seigneur » (Ap 1.10). On ne retrouve cette expression qu'une seule fois dans la Bible pour désigner le dimanche. Une expression semblable, qu'on ne retrouve également qu'une seule fois, nous permet de comprendre que ce jour n'est pas comme les six autres, puisqu'il est au Seigneur. L'expression « le Repas du Seigneur » (1 Co 11.20) souligne qu'il s'agit de quelque chose de sacré (parce que consacré) et non d'un repas comme les autres. Il s'agissait d'un repas que l'Église consacrait au Seigneur en commémoration de sa mort et de sa résurrection et ce repas avait un usage spirituel et religieux. De même, le Jour du Seigneur n'était pas un jour comme les autres, mais un jour que l'Église consacrait au Seigneur par un culte et par la communion fraternelle. Bien qu'il s'agissait à cette époque d'un jour de travail, les chrétiens se réunissaient pour adorer le Seigneur. Soyons reconnaissants de ce qu'en Occident, encore aujourd'hui, ce jour est largement férié. Ne l'employons pas pour nous vouer à toutes sortes de

---

[56] La traduction de ce passage par Louis Segond m'apparaît inadéquate. La traduction de Darby est préférable : « Car celui qui est entré dans son repos, lui aussi s'est reposé de ses œuvres, comme Dieu s'est reposé des siennes propres. » L'auteur parle du Christ qui est entré dans son propre repos après avoir accompli son œuvre de rédemption qui est en fait une nouvelle création. La première création fut suivie d'un sabbat ; la nouvelle création est aussi accompagnée d'un sabbat qui nous vient du repos dans lequel Jésus est entré le jour de sa résurrection. Voir le commentaire de John Owen sur ce passage pour plus d'explication : *The Works of John Owen*, volume XX, Carlisle PA, The Banner of Truth Trust, 1991, p. 325-336.

futilités, mais consacrons-le au Seigneur. Et si, par nécessité, nous devons travailler le dimanche, consacrons néanmoins le reste de cette journée au Seigneur.

J'aimerais dire humblement que beaucoup de chrétiens se privent de grandes bénédictions en traitant le Jour du Seigneur comme les autres jours de la semaine. Si ce jour n'est aucunement différent des autres jours de la semaine, pourquoi la Bible l'appelle-t-elle le Jour du Seigneur et pourquoi les premiers chrétiens l'ont-ils mis à part? Ma façon d'adorer Dieu avec l'Église et ma communion avec mes frères et sœurs dans le Seigneur ont été glorieusement transformées depuis que j'ai commencé à consacrer le Jour du Seigneur et à en faire mes délices (Es 58.13). Il ne s'agit pas de simplement s'imposer des règles du dimanche et d'avoir hâte que ce jour se termine pour passer à autre chose (Am 8.5), mais de consacrer un jour à Dieu avec la famille de Dieu et d'y prendre un profond plaisir. La communion en Église doit se poursuivre au-delà du culte dominical.

Nous servons un Dieu infiniment glorieux. Il est le seul pour qui on peut commander une telle chose : « Que tout ce qui respire loue l'Éternel! Louez l'Éternel! » (Ps 150.6). Il n'y a pas d'activité plus sainte et glorieuse que d'adorer ce Dieu. Nous pouvons épancher complètement nos cœurs pour Lui et nous exprimer continuellement « Gloire à son Nom ». Nous pouvons chanter, prier et vénérer le Seigneur. Nous pouvons élever nos âmes dans une intense contemplation et l'adorer de tout notre cœur, de toute notre pensée et de tout notre être. Sa gloire ne sera jamais épuisée. C'est seulement en Dieu que nos âmes trouvent du repos et qu'elles sont entièrement satisfaites. « Quel autre ai-je au ciel que toi! Et sur la terre je ne prends plaisir qu'en toi. » (Ps 73.25) À qui d'autres nous vouer? L'homme ressemble à ce qu'il adore. Avant de connaître Dieu, j'ai adoré des créatures, j'ai livré mon âme à des idoles qui m'ont entraîné dans la corruption. Aujourd'hui, je ne veux adorer qu'un seul Dieu et me livrer entièrement à son amour. J'ai trouvé la source intarissable de la vie et la seule source qui peut étancher la soif qui est autrement inassouvissable (Jn 4.13-14).

Lorsque nous nous assemblons en son nom le dimanche, lorsque nous chantons à sa gloire, lorsque nous l'écoutons par sa Parole, lorsque nous lui répondons par nos prières, lorsque nous lui disons nos besoins, lorsque nous sommes en communion les uns avec et les autres et avec lui, c'est alors que nous adorons Dieu en esprit et en vérité. Réveillons nos âmes afin de l'adorer de tout notre être. Que rien ne nous en empêche!

Lecture supplémentaire

Psaume 150.1-6

Chapitre 14

Soli Deo Gloria, la vie des adorateurs

Dernièrement, j'ai lu un livre de psychologie ; *People of the Lie : The Hope for Healing Human Evil*, du Dr M. Scott Peck, un psychiatre américain. Dans ce livre, le Dr Peck analyse la méchanceté de l'être humain. Ce livre n'aborde pas cette question sous l'angle théologique, mais psychologique. Bien que le Dr Peck affirme son allégeance au Christ, j'ignore quelles sont ses croyances doctrinales. Il y a cependant un passage qui m'a frappé dans un chapitre où l'auteur parle d'une femme qu'il décrit comme la cliente la plus complexe qu'il ait eu à traiter puisqu'elle masquait une nature perverse profondément enfouie. Cette femme avait fréquenté une Église durant plusieurs années. Lors d'une séance avec elle, il fut question du sens de la vie…

> (…) « Tu as grandi dans une Église chrétienne. Tu as passé pratiquement deux années de ta vie comme professeur de doctrine chrétienne. […] Tu n'es certainement pas assez bête pour ignorer ce que les chrétiens disent du sens de la vie et du but de l'existence humaine. »

« Nous existons pour la gloire de Dieu, » me répondit Charlène d'un ton ennuyé et monotone. […] « Le but de notre vie est de glorifier Dieu. »

« Et alors? » lui demandai-je.

Il y eut un court silence. Pendant un instant j'ai pensé qu'elle allait pleurer – pour une première fois durant notre travail ensemble. « Je ne peux pas le faire. Il n'y a pas de place pour *moi* là-dedans. Cela signifierait ma mort, » dit-elle d'une voix tremblante. Puis, avec une soudaineté qui m'effraya, ce qui semblait être un sanglot étouffé se changea en rugissement. « Je ne veux pas vivre pour Dieu. Je ne vivrai pas pour Dieu. Je veux vivre pour moi. Pour l'amour de moi! »

Ce fut une autre séance où Charlène quitta avant la fin. Je ressentis une terrible pitié pour elle. Je voulais pleurer, mais mes propres larmes ne montèrent pas. « Oh, Dieu, elle est si seule » fut tout ce que j'arrivai à murmurer[57].

L'homme a été créé pour glorifier Dieu et pour trouver son plaisir en lui. Lorsqu'il ne le fait pas, il est misérable et il ressemble aux idoles corruptibles qu'il sert, puisque l'homme ressemble toujours à ce qu'il adore (Ps 115.8 ; 135.18). Le problème le plus fondamental de l'homme, à tous les niveaux de son être, vient de ce qu'il essaie de vivre pour autre chose que ce pour quoi il a été créé.

---

[57] M. Scott Peck, M.D., *People of the Lie : The Hope for Healing Human Evil*, New York, Touchstone, 1983, p. 168.

L'homme n'est pas le centre de sa propre existence, mais Dieu est le centre. R. C. Sproul Jr. écrit : « Si nous pensons que la chose la plus fantastique à propos de Dieu est qu'il pense que nous sommes fantastiques, nous avons alors fait de nous-mêmes la fin et de Dieu le moyen[58]. » Dieu aime ses créatures d'un amour infini, mais Dieu n'a pas donné à ses créatures la place qui revient à lui seul. L'existence n'est pas anthropocentrique, mais théocentrique.

Malheureusement, dans l'humanité, et même parfois chez les chrétiens, on conçoit Dieu comme étant accessoire. Dieu fait partie de l'existence un peu comme les loisirs ou la famille ou toutes les autres choses dont la somme compose l'existence humaine. C'est une grave méprise sur la nature même de la vie et sur la personne de Dieu. Le Seigneur n'est pas un tiroir bien compartimenté d'une belle armoire appelée la vie ; il est dans l'armoire entière. Il n'est pas une pièce isolée d'une grande maison ; il est dans la maison tout entière. Dieu n'est pas une simple catégorie dans notre vie ; Dieu englobe toutes les catégories de notre existence. « C'est de lui, par lui, et pour lui que sont toutes choses. À lui la gloire dans tous les siècles! Amen! » (Rm 11.36)

Pour terminer notre parcours des anciens sentiers de la foi chrétienne, nous examinerons le lien entre la gloire de Dieu et la vie des adorateurs. Nous avons vu que l'expression *soli Deo Gloria* souligne en particulier le fait que Dieu seul mérite l'honneur et la gloire pour notre

---

[58] R. C. Sproul Jr., « Soli Deo Gloria », *After Darkness Light*, p. 199

salut puisqu'il en est le seul auteur. L'adoration est la réponse normale de l'homme envers Dieu. L'adoration du chrétien ne se limite pas au culte dominical ; c'est toute sa vie qu'il offre à Dieu en reconnaissance. « Je vous exhorte donc, frères, par les compassions de Dieu, à offrir vos corps comme un sacrifice vivant, saint, agréable à Dieu, ce qui sera de votre part un culte raisonnable. » (Rm 12.1) Comme l'écrit J. I. Packer : « dans le Nouveau Testament, la doctrine est grâce et la morale est gratitude[59]. » Dans ce dernier chapitre, nous verrons comment la gratitude du chrétien doit se manifester.

1. Tout faire pour la gloire de Dieu

La doctrine de la gloire de Dieu doit avoir un impact dans la vie des adorateurs. L'Écriture nous déclare notre raison de vivre : « Soit donc que vous mangiez, soit que vous buviez, soit que vous fassiez quelque autre chose, faites tout pour la gloire de Dieu. » (1 Co 10.31). Que signifie glorifier Dieu? John Piper explique : « Il ne peut être question de rendre Dieu plus glorieux. C'est plutôt reconnaître sa gloire, la mettre au-dessus de toutes choses et la faire connaître[60]. »

La gloire de Dieu doit avoir préséance sur notre plaisir, sur nos ambitions et sur nos projets. Elle doit déterminer nos choix et notre manière de parler, d'agir et de vivre. La gloire de Dieu est la raison qui sous-tend toute chose dans la vie du chrétien. Ce matin, au petit-déjeuner, j'ai mangé du pain grillé au beurre d'arachides ; j'ai mangé parce que

---

[59] J. I. Packer, *Connaître Dieu*, p. 149.

[60] John Piper, *Prendre plaisir en Dieu*, p. 37.

j'avais faim et qu'il est bien de manger quand on a faim. Il est bien de se nourrir pour avoir de l'énergie afin de pouvoir faire nos tâches. Il est bien de manger des aliments nutritifs pour être en santé. Mais la raison ultime derrière mon petit-déjeuner, c'est la gloire de Dieu. Dieu est glorifié lorsque nous employons notre énergie à le servir, à lui obéir, à glorifier son nom. C'est donc à la gloire de Dieu que j'ai mangé mon pain au beurre d'arachides. Dans quelques jours nous célébrerons l'anniversaire de notre fille. Il est bien de souligner l'anniversaire de nos enfants afin qu'ils sachent que nous avons de l'intérêt pour eux et que nous les aimons. La raison ultime cependant c'est la gloire de Dieu, car c'est lui-même qui nous a commandé d'aimer nos enfants. Dieu est donc glorifié lorsque nous le faisons.

Nous travaillons parce que cela est nécessaire afin de subsister. Le travail nous permet de pourvoir à nos besoins et à ceux des nôtres. Ces raisons, cependant, ne devraient pas être notre motivation ultime pour travailler. Nous travaillons parce que nous voulons que Dieu soit glorifié. Dieu a instauré le travail dès la création. En Éden, avant l'entrée du péché dans le monde, le travail existait. Le travail fait partie de l'existence de l'homme ; il fut donné pour entretenir la création et la créature. Dieu est glorifié lorsque nous pourvoyons aux besoins de notre famille et à nos propres besoins en travaillant. L'Écriture déclare :

> Si quelqu'un n'a pas soin des siens, et principalement de ceux de sa famille, il a renié la foi, et il est pire qu'un infidèle. (1 Tm 5.8)

Si quelqu'un ne veut pas travailler, qu'il ne mange pas non plus. (2 Th 3.10)

Mais nous vous exhortons, frères, à abonder toujours plus dans cet amour, et à mettre votre honneur à vivre tranquilles, à vous occuper de vos propres affaires, et à travailler de vos mains, comme nous vous l'avons recommandé, en sorte que vous vous conduisiez honnêtement envers ceux du dehors, et que vous n'ayez besoin de personne. (1 Th 4.10-12)

Tout chrétien doit comprendre que son travail, aussi ordinaire soit-il, a quelque chose de profondément spirituel puisqu'il sert à glorifier Dieu. Il ne s'agit pas simplement de travailler, mais d'exécuter son travail d'une manière qui glorifie Dieu. Le chrétien ne doit pas travailler avec une mauvaise attitude. Il doit être reconnaissant et travailler joyeusement avec le plaisir d'exercer ses dons. Il ne doit pas se plaindre continuellement de sa situation et réclamer toujours plus tout en espérant en faire toujours moins (Col 3.22-24). Il doit être honnête, ponctuel, productif, créatif et exemplaire, sachant que tous les regards sont sur lui et que Dieu lui demande d'être la lumière du monde (Rm 12.11 ; Mt 5.14). Le chrétien doit faire son travail dans le respect des lois et des autorités, il doit honorer son patron, s'il est employé, et bien traiter ses employés, s'il est employeur (Ep 6.5-9 ; Mt 22.21 ; Rm 13.1-7).

Mangeons, buvons, dormons, travaillons, fêtons, vivons pour la gloire de Dieu. Ne pas le faire c'est de l'idolâtrie. Il y a quelque temps, un homme me compara à un héroïnomane. Les héroïnomanes, dit-il, ne vivent que pour leur prochaine dose, tout tourne autour de l'héroïne dans leur vie. Ce collègue me reprochait de tout considérer du point de vue de Dieu, alors que ma foi aurait dû être, selon lui, un compartiment isolé des autres compartiments de ma vie. Je ne lui parlais pas toujours directement de Dieu, mais il voyait bien que peu importe le sujet que nous abordions : politique, actualité, famille, travail, etc., ma foi en Dieu transparaissait sur tout. Je pris son reproche comme un compliment. Je crois pertinemment qu'on ne peut détacher aucune partie de l'existence de son Auteur. Si ce n'est pas le Créateur qui détermine notre vie, ce sera la créature ; que Dieu nous en garde!

2. Portez des fruits pour la gloire de Dieu

Ce ne sont pas seulement nos actions qui doivent glorifier Dieu, mais notre caractère. Jésus dit : « Si vous portez beaucoup de fruit, c'est ainsi que mon Père sera glorifié, et que vous serez mes disciples. » (Jn 15.8) Quels sont les fruits que nous devons porter? Voici une liste de mauvais fruits qui ne doivent pas être dans notre vie (Ga 5.19-21) : l'impudicité, c'est-à-dire toute forme de sexualité illicite. L'impureté, c'est-à-dire ce qui souille moralement, ce qui est contraire à la loi de Dieu. La dissolution, c'est-à-dire la recherche licencieuse de la satisfaction des sens. L'idolâtrie, ce qui cherche à prendre la place de Dieu dans le cœur de l'homme. La magie, l'occultisme et les spiritualités qui ne viennent pas de Dieu. Les inimitiés (le contraire de l'amitié), les querelles, les jalousies, les animosités, les disputes, les divisions, les sectes, l'envie, l'ivrognerie, les excès de table, et les choses semblables. Émondons toutes ces mauvaises œuvres de nos vies.

Voici neuf fruits qui glorifient Dieu (Ga 5.22-23) : premièrement l'*amour*. L'amour c'est le don de soi ; c'est de passer par-dessus les fautes des autres. L'amour c'est le lien de la perfection dans toutes nos relations. L'amour c'est ce que nous devons à tous les hommes (Rm 13.8)... même à nos ennemis (Mt 5.44). L'amour c'est la vertu cardinale, car elle inclut toutes les autres vertus. L'amour n'est pas un sentiment, mais un commandement (Jn 13.34). Nous devons aussi porter le fruit de la *joie*. Le chrétien peut se réjouir sans cesse, car aucune misère ne peut atténuer la gloire qui l'attend. Comme Dieu est notre joie, nous devons être joyeux (1 Th 5.16). Ensuite, Dieu est glorifié par notre *paix*. La paix du chrétien est à la fois objective et subjective. Le chrétien est en paix avec Dieu et il recherche la paix avec tous les hommes. Le chrétien est également en paix au-dedans de lui, parce qu'il se confie en Dieu il est serein. Un autre fruit est la *patience*. Le mot grec signifie à la fois la patience envers nos semblables et la patience dans toutes les circonstances de nos vies. L'Esprit nous rend capables de supporter tout.

L'Esprit produit également le fruit de la *bonté* en nous. Le modèle de bonté par excellence c'est Dieu. Il n'y a qu'une seule chose qui puisse expliquer que Dieu ait donné son Fils à des impies afin de les sauver : sa bonté. Faire du bien pour recevoir quelque chose en retour ce n'est pas de la bonté, c'est de l'opportunisme. Faire le bien gratuitement et continuer à faire le bien même lorsqu'on nous fait du mal, c'est l'essence de la bonté. Ensuite, la *bénignité*, un fruit similaire à la bonté avec un accent particulier sur la douceur. Il y a une idée erronée voulant qu'un chrétien ne doive jamais juger qui que ce soit et accepter les gens tels qu'ils sont. Cela n'est pas de l'amour ni de la bénignité, c'est de la complaisance. L'amour dit la vérité et celle-ci est définie par Dieu et non par l'homme. Cependant, dire la vérité à quelqu'un n'est pas tout, il faut le faire avec douceur. Un chrétien doit corriger les déviances de la culture dans laquelle il vit, mais il ne doit pas le faire avec une attitude arrogante, haineuse et hostile, mais avec douceur, humilité et miséricorde.

Ensuite, notre caractère doit être marqué par la *fidélité*. Cette qualité inclut la persévérance, la loyauté, la constance, la fiabilité. Nous devons manifester ces qualités avec nos proches, envers nos frères et sœurs en Christ et envers tous les gens que nous côtoyons, car lorsque nous sommes fidèles envers les hommes, nous sommes fidèles envers Dieu. Le mot grec traduit par « fidélité », veut également dire foi ; ce qui nous rappelle que la foi est un fruit de l'Esprit. Le huitième fruit c'est la *douceur*. Le mot original signifie gentillesse, humilité. Un chrétien ne doit jamais se permettre d'être impoli ou méchant ; il doit au contraire être altruiste. Dieu est honoré lorsque ses enfants agissent avec courtoisie, gentilhommerie et civisme. Le dernier fruit de l'Esprit est la *tempérance* ; il s'agit de la maîtrise de soi. Nous devons glorifier Dieu en domptant notre langue (Jc 3.2-8). Nous devons maîtriser nos réactions, nos sentiments et nos actions afin que Dieu soit glorifié. Nous devons éviter d'être impulsifs ou excessifs.

3. La famille théocentrique

Non seulement nos actions et notre caractère doivent glorifier Dieu, mais également notre foyer. Tout au long de l'Écriture sainte, nous retrouvons le principe suivant : « Moi et ma maison, nous servirons l'Éternel » (Jos 24.15). Servir Dieu n'est pas seulement une affaire personnelle, c'est une affaire de famille. Vous ne devez pas simplement vous assurer de la santé spirituelle de votre vie ; votre foyer aussi doit glorifier Dieu.

Le mariage et la famille sont des institutions merveilleuses que Dieu a données aux hommes et lorsqu'elles sont conservées selon les directives divines, elles sont une grande bénédiction. Nous vivons dans un monde qui considère que le but d'un couple est d'être heureux. Ainsi, lorsqu'un couple n'est plus heureux, il n'a plus de raison d'être. En vérité, le but d'un couple est de glorifier Dieu. Je ne connais aucun autre motif qui assure le fonctionnement de l'amour dans le couple et, par conséquent, la pérennité de celui-ci et de la famille qu'il supporte.

Voyez-vous, Dieu me commande d'aimer ma femme et d'en prendre soin comme Christ a aimé l'Église. Peu importe mon humeur, peu importe l'humeur de mon épouse, peu importent les circonstances ou les événements, je dois aimer la femme que j'ai mariée. Inversement, Dieu commande à ma femme de m'aimer et de m'être soumise comme l'Église l'est à Christ. Elle doit le faire, peu importe ma faiblesse ou mes erreurs, peu importe son désir d'être soumise ou de m'aimer. L'amour est un commandement. Bien entendu, nous ne réussissons pas parfaitement nos rôles respectifs, mais nous tendons continuellement dans cette direction. Et parce que nous n'arrivons pas à nous aimer comme Dieu nous le demande, nous avons quotidiennement besoin de la grâce et du pardon de Dieu. Notre mariage et notre famille reposent donc sur le fondement solide et sûr de la miséricorde divine.

Concernant les enfants, l'objectif suprême que nous devons mettre en priorité dans leur vie, c'est le royaume de Dieu (Mt 6.33). Notre préoccupation première ne doit pas être la réussite académique ou sportive ou sociale de nos enfants. Ce qui est le plus important ce n'est pas qu'ils aient des amis ou qu'ils participent à toutes sortes d'activités et soient heureux. Leur santé, leur estime personnelle, leur avenir, le développement de leurs talents ne doivent pas avoir la première place dans notre façon de les éduquer. Toutes ces choses ont leur importance, mais ce qui vient avant tout c'est la gloire de Dieu. Nous devons apprendre à nos enfants à vivre pour la gloire de Dieu et pour rien d'autre. Bien sûr, nous ne pouvons pas convertir nos enfants, Dieu seul le peut. Mais nous devons leur inculquer les principes d'une vie qui glorifie Dieu et chercher à développer en eux un caractère pieux. Savez-vous pourquoi cela est si important? Parce que si Christ n'est pas la raison de vivre de nos enfants, les idoles le seront.

J'ai réalisé, à mes dépens, comment une chose bonne pouvait devenir destructrice lorsqu'elle occupe la place de Dieu. Et les parents doivent faire bien attention de ne pas placer eux-mêmes des idoles dans la vie de leurs enfants. Voici un triste exemple qui illustre parfaitement ce que je veux dire. Il s'agit de l'histoire de Thomas racontée par Voddie Baucham dans son livre *Family Driven Faith*[61]. Thomas a grandi dans une famille chrétienne, il était un bon garçon, participait au groupe jeunesse de son Église, fréquentait une chrétienne et recevait une formation de disciples les week-ends.

Thomas a commencé à fréquenter une université chrétienne où il a obtenu une bourse d'études grâce à ses talents exceptionnels comme joueur de baseball. C'est là que les choses ont commencé à se gâter. Dans l'espoir d'être conseillé, le père de Thomas raconta au pasteur Baucham comment la vie de son fils avait basculé. Son fils ne fréquentait plus d'Église, il participait à une étude biblique en semaine, mais n'appartenait plus à un corps de croyants. Thomas, qui avait généralement une bonne moyenne scolaire, vit sa moyenne dégringoler. Il entretenait de mauvaises fréquentations avec qui il faisait la fête et buvait les jours de la semaine. Finalement, Thomas fut suspendu de l'équipe de baseball après avoir échoué à un test antidopage. Son père fut si chaviré qu'il décida de ne pas le renvoyer à cette université l'année suivante le temps que son fils reprenne sa vie en main. Le père de Thomas ne s'expliquait pas ce revirement dans la vie de son fils et se demandait s'il n'avait pas lui-même raté quelque chose dans l'éducation de son fils.

Thomas n'était pas un simple joueur de baseball, depuis son enfance il fut destiné par ses parents à devenir un joueur professionnel. Il débuta le baseball dès l'âge de six

---

[61] L'histoire se trouve de la page 33 à la page 36 de ce livre publié chez Crossway Books en 2007.

ans, à neuf ans il avait un entraineur privé. Les parents de Thomas firent de nombreux sacrifices pour développer le plein potentiel de leur fils : ils investirent d'importantes sommes d'argent, se déplacèrent souvent et parfois sur de grandes distances pour qu'il puisse pratiquer ce sport, ils ajustèrent leur horaire en fonction du baseball. Bien qu'ils fussent généralement fidèles à l'Église, leur présence au culte était sporadique en raison des matchs et des entrainements de leur fils. Ils ne réalisèrent pas qu'ils enseignaient à leur fils de prioriser le baseball avant le quatrième commandement et que le Jour du Seigneur devait être honoré seulement s'il n'y avait pas quelque chose de plus important pour prendre sa place.

Ainsi, lorsque Thomas se retrouva seul à l'université et qu'il eut à faire le choix entre l'Église et le plaisir avec ses coéquipiers, la base de son choix avait déjà été établie depuis longtemps dans sa vie. Lorsqu'il eut à choisir entre l'étude ou aller frapper quelques balles dans l'enclot, le choix était naturel. Et lorsqu'il dut faire face pour la première fois de sa vie aux limites de son talent, il a emprunté un raccourci illégal pour atteindre de meilleures performances. La conduite de Thomas n'avait rien d'étonnant quand on y pense ; depuis son enfance il fut conditionné à vivre pour le baseball et à y conformer tous les autres domaines de sa vie. Thomas avait appris qu'il devait tout faire pour servir ce qui occupait la première place dans sa vie : le baseball. Sans s'en rendre compte, les parents de Thomas ont enseigné à leur fils à fléchir les genoux devant une idole et à apporter des sacrifices à son autel. Le baseball est un sport formidable, mais s'il occupe la place de Dieu il entraînera, comme toutes les autres idoles, la corruption. Savez-vous pourquoi le premier des dix commandements est si important? Parce que les neuf autres en dépendent. Thomas a transgressé le quatrième, le cinquième, le septième, le huitième et le dixième commandement, parce qu'il n'a pas appris à respecter le premier commandement : « Tu n'auras pas d'autres dieux devant ma face » (Ex 20.3)!

À quel point prenons-nous ce commandement au sérieux? Réalisons à quel point nous sommes privilégiés d'exister pour la gloire de Dieu. Nous faisons partie des rares créatures qui peuvent savoir pourquoi elles existent et qui peuvent glorifier Dieu consciemment. Faisons nos délices de l'Éternel et de sa Parole divine.

Lecture supplémentaire

1 Thessaloniciens 4.1-12

Conclusion

Qu'est-ce que la foi chrétienne? La foi chrétienne nous est révélée par Dieu lui-même dans les saintes Écritures. Celles-ci sont la seule règle de foi, elles s'interprètent elles-mêmes et elles sont confessées par l'Église depuis sa fondation. Le Seigneur a préservé les Écritures selon sa promesse pour que l'Église soit d'autant plus sûrement établie et affermie, en face de la corruption de la chair, de la malice de Satan et du monde. Tout le Conseil de Dieu, c'est-à-dire toutes choses nécessaires à la gloire de Dieu, au salut de l'homme, à la foi et à la vie, est ou bien expressément affirmé dans l'Écriture sainte, ou y est nécessairement contenu. Rien, à aucun moment, ne peut lui être ajouté ni par une nouvelle révélation de l'Esprit, ni par des traditions humaines. L'Ancien Testament et le Nouveau Testament sont directement inspirés par Dieu et sont sa Parole par laquelle nous le connaissons.

Les Écritures enseignent que la foi est le seul moyen par lequel un pécheur reçoit la grâce de Dieu. En croyant en Christ, les pécheurs sont justifiés par Dieu. Il n'existe pas d'autre moyen pour qu'un pécheur puisse être justifié. Ni les œuvres ni les sacrements ne peuvent nous justifier devant Dieu, mais la foi seule. La vraie foi est accompagnée de toutes les autres grâces salutaires qui démontrent son authenticité.

Le pécheur qui se repent et qui croit reçoit la grâce de Dieu. Cette grâce est la seule cause du salut de tous ceux qui ont obtenu le pardon de leurs péchés. Ceux des êtres humains que Dieu a prédestinés à la vie éternelle, il les a choisis en Christ pour la gloire éternelle, avant la fondation du monde, selon son dessein éternel et immuable et le bon plaisir de sa volonté. Il les a choisis par sa seule pure grâce et son amour, sans qu'il y ait quoi que ce soit dans la créature comme condition ou cause qui le conduirait à ainsi faire. C'est pour eux seulement que le Christ a efficacement versé son sang, pour le rachat de leurs transgressions. Quand Dieu convertit un pécheur, et le fait passer de la mort à la vie, il le libère de son esclavage naturel au péché, et par sa grâce seule, il le rend capable de vouloir et de faire librement ce qui est spirituellement bon. Cet appel efficace procède de la seule grâce de Dieu, libre et particulière, et il s'agit d'un appel irrésistible. Il est impossible que ceux qui ont été ainsi efficacement sauvés viennent à déchoir de l'état de grâce.

La grâce de ce salut est accordée en Christ seul. Jésus-Christ est le seul médiateur entre Dieu et les hommes. Il est Prophète, Prêtre et Roi, Chef et Sauveur de son Église, Héritier de toutes choses et Juge du monde. Le Père lui a donné de toute éternité un peuple qui soit sa postérité, et qu'il racheta en temps voulu, l'appelant, le justifiant, le sanctifiant, et le glorifiant. Cette personne est vrai Dieu et vrai homme, et cependant est un seul Christ, l'unique médiateur de la Nouvelle Alliance. Le Seigneur Jésus a entrepris cet office de tout cœur ; pour le mener à bien, il est venu sous la loi, et l'a accomplie parfaitement : il a subi à notre place le châtiment que nous aurions dû porter et souffrir. Il a enduré en son âme les tourments les plus cruels et en son corps les souffrances les plus douloureuses ; il a été crucifié, il est mort. Le troisième jour il est ressuscité d'entre les morts, il est aussi monté au ciel, et là, il siège à la droite de son Père faisant intercession. Il reviendra à la fin du monde pour juger les êtres humains et les anges.

La gloire de ce salut revient à Dieu seul. Le Seigneur notre Dieu est le seul Dieu vrai et vivant. Il existe en lui-même et de lui-même, infini en son être et sa perfection. Toutes les choses qui arrivent sont opérées selon le conseil de sa propre volonté immuable et très juste, à la louange de sa gloire. Toutes les créatures lui doivent obéissance et existent pour sa gloire. Dieu ne dérive aucune gloire de ses créatures, mais seulement manifeste sa gloire en, par, à et sur elles. Toute créature qui s'arroge gloire et honneur pour son salut ou son élévation sera abaissée, car tout genou fléchira devant le Très-Haut, et toute langue donnera gloire à Dieu.

À ce Dieu qui a parlé une fois pour toutes dans les saintes Écritures, qui nous a donné la foi et la grâce pour le connaître et avoir la vie en son Fils, le Christ-Jésus, soit la gloire aux siècles des siècles! Amen!

www.ingramcontent.com/pod-product-compliance
Lightning Source LLC
Chambersburg PA
CBHW071337090426
42738CB00012B/2928